POTENCIA

SEXUAL

POTENCIA

SEXUAL

Cómo aumentar la libido de forma natural

y mejorar tu vida sexual

Victoria Dolby Toews

nowtilus

Colección: Guías Prácticas de Salud, Nutrifarmacia y Medicina Natural
www.guiassalud.com

Título: Potencia sexual
Subtítulo: Cómo aumentar la libido de forma natural y mejorar tu vida sexual
Autor: © Victoria Dolby Toews
Traducción: Claudia Rueda Ceppi

Copyright de la presente edición: © 2008 Ediciones Nowtilus, S.L.
Doña Juana I de Castilla 44, 3º C, 28027 Madrid
www.nowtilus.com

Editor: Santos Rodríguez
Coordinador editorial: José Luis Torres Vitolas

Diseño y realización de cubiertas: Carlos Peydró
Diseño del interior de la colección: JLTV
Maquetación: Claudia Rueda Ceppi

ISBN-13: 978-84-9763-523-3
Fecha de edición: Junio 2008

Printed in Spain
Imprime: Estugraf impresores S.L.
Depósito legal: M-24270-2008

ÍNDICE

INTRODUCCIÓN

El sexo capta nuestra atención más que cualquier otra cosa por una buena razón: es uno de los placeres más grandes que tenemos. También porque es parte esencial para llevar una vida plena: una buena vida sexual nos ayuda a sentirnos mental, emocional y físicamente mucho mejor.

Al igual que la sed o el hambre, el sexo es una de las necesidades humanas más básicas y poderosas. Además, el deseo sexual es mucho más que la sola idea de prolongar la especie. El sexo es una expresión de afecto, una forma de conectar con la persona que se ha elegido y la celebración de la vida. Sin embargo, para muchas parejas, el estrés cotidiano, el proceso de envejecimiento o el estado de salud, entran a tallar en la manera de llevar una vida sexual satisfactoria. Si usted es una de las millones de personas que está deseando una vida sexual plena, este libro puede ayudarle a reconectarse con ella.

Al principio, quizá usted y su pareja muy probablemente no necesitaron más que un cruce de miradas en medio de la multitud para empezar una reacción que terminase con un encuentro sexual fabuloso. Pero, con los años, los niños, el trabajo y demás, todo eso ha ido menguando. Actualmente, puede sentir que no hay nada tan fuerte como una explosión nuclear como para que se mueva algo en su dormitorio. Y, en consecuencia, pensar, que este es el curso natural de las cosas. Pero, ojo, no lo es. El sexo excitante no está solo en el fondo del pasado, también puede ser parte de su presente y de su futuro.

En esta guía usted aprenderá acerca de una amplia y colorida gama de alimentos que encienden la pasión sexual. En el capítulo 1, sabrá más acerca del viagra, su introducción en el mercado, la historia de cómo se convirtió en la medicina más vendida, cómo sigue siendo la estrella farmacéutica, incluso costando casi 8 euros una sola píldora. Verá también que las alternativas naturales (y más baratas) al viagra —hierbas y suplementos que sirven como impulsadores de la libido— forman una parte poderosa del mercado de suplementos dietéticos. En el capítulo 2 se ofrecerá una lista de estos afrodisíacos naturales y se explicará claramente cuáles son los mejores y que podrría tomar.

Y como tener buen sexo es más que tomar una píldora, en el capítulo 3 comprenderá en detalle cómo el estilo de vida puede sabotear su energía sexual. Allí encontrará sugerencias para realizar actividades que podrá realizar para mantener el funcionamiento sexual al máximo. Para muchas personas, sin embargo, el culpable no es el estilo de vida, sino una serie de problemas de salud sexual. Esto será explicado en el capítulo 4, así como también sus posibles tratamientos. E incluso cuando la pareja está sexualmente saludable, las relaciones sexuales pobres pueden hundir cualquier intento aun antes de empezar. Esto se discute en el capítulo 5: cómo crear la intimidad apropiada para un buen encuentro sexual.

Los capítulos 6 y 7 investigan más profundamente los problemas físicos asociados con la impotencia y la infertilidad. Hay que notar que el término "impotencia" es antiguo y que está siendo reemplazado por uno más científico y apropiado: "disfunción eréctil" (DE), que es el que se va a utilizar en este libro. En el capítulo 8 aprenderá sobre las condiciones médicas que pueden interferir con la libido, la fertilidad y la habilidad para el desempeño sexual. Por ejemplo, muchas personas no se dan cuenta de que ciertos medicamentos son los culpables de muchos casos de disfunción eréctil.

También podrá ver cómo tomar algunas precauciones específicas y tener en cuenta las contraindicaciones de ciertas hierbas, suplementos y aminoácidos discutidos en este libro. Además, por favor, tenga presente que en el caso de embarazo o de lactancia, las mujeres no deben usar ninguna medicación o suplemento médico sin supervisión. Y, evidentemente, los lectores con problemas específicos de salud deberán consultar con su doctor para asegurarse que un suplemento particular no interferirá con sus medicamentos o tratamientos.

Finalmente, es importante resaltar que siendo el sexo una experiencia maravillosa, nadie debería jugar con la salud o incluso la vida. Por favor, practique sexo seguro usando condón a menos que esté en una relación monógama y esté totalmente seguro de que ni usted ni su pareja tiene alguna enfermedad de transmisión sexual.

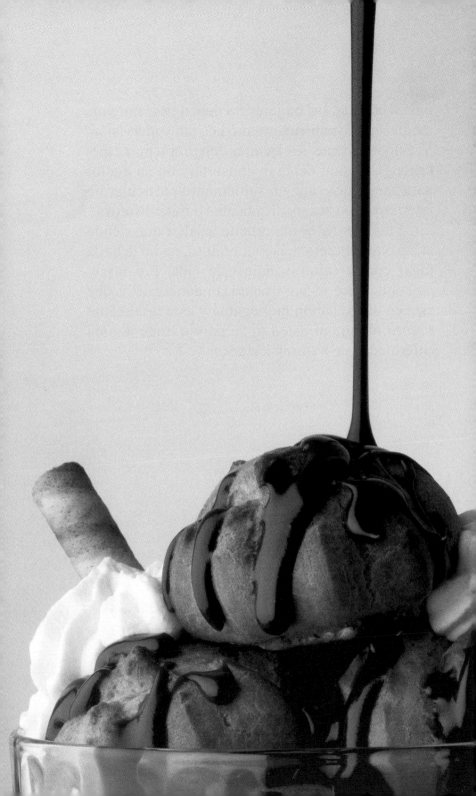

LA MESA AMOROSA

L as comidas y pociones afrodisíacas han sido una fascinación en todas las culturas a través de la historia, y por una buena razón: la línea que separa el hambre física del hambre sexual es frecuentemente muy delgada. Muchos alimentos identificados como afrodisíacos están divididos en dos categorías: aquellos que poseen una apariencia que nos recuerda a los genitales; y otros, que tienen una forma rara o misteriosa, lo cual permite que la imaginación pueda volar.

FRUTA

Desde que Eva tentó a Adán con una manzana, las frutas (especialmente aquellas que son jugosas y maduras) han tenido una connotación sexual. Después de todo, hay que recordar que las frutas son productos de reproducción sexual entre todas las plantas. Sabores y texturas maravillosos enfatizan la conexión entre las frutas y el placer físico; y así como el chocolate, muchas frutas también contienen la hormona que induce al placer, la feniletilamina. Piense en duraznos, cerezas, plátanos y mangos.

El membrillo era ofrecido por los antiguos griegos y romanos a las diosas del amor (Afrodita y Venus, respectivamente). Algunos eruditos estudiosos de la Biblia han sugerido que fue el membrillo y no la manzana la fruta prohibida en el Jardín del Edén. Tradicionalmente, en las bodas mediterráneas, los membrillos eran usados como un símbolo de la felicidad marital.

Las granadas tenían mucho simbolismo erótico en el Oriente Medio, donde eran asociadas con la fertilidad debido a su abundancia en semillas rojas y brillantes. Las semillas de granada eran desparramadas durante las festividades matrimoniales.

El erotismo de las fresas y otras frutas semejantes están relacionadas a su apariencia y a la forma provocativa y sensual en que se comen con la mano. Bañadas en chocolate incrementan sus poderes afrodisíacos.

HIERBAS Y ESPECIAS

Si su libido está en el limbo, usted debería añadir un poco de sabor a su vida amorosa con unas cuantas hierbas. Cientos de años atrás en Europa se pensaba que varias especias tenían cualidades afrodisíacas. De hecho, los niños y jóvenes eran advertidos de estas especias (excepto sal y azúcar). Las más conocidas eran la canela, la nuez, el jengibre, los clavos de olor, nuez moscada y la pimienta.

De todas estas, la canela es la especia más antigua conocida como afrodisíaco. Las nueces y la nuez moscada eran combinadas en una bebida especial para los novios en la Edad Media para mejorar su actividad en la noche de bodas. El azafrán ha sido considerado como el afrodiíaco supremo, se cree que es debido a su rareza. Más recientemente, el jengibre se ha dado a conocer como un revitalizador en la fertilidad de los animales.

Algunas veces las festividades y celebraciones de los antiguos griegos y egipcios incluían hinojo, el cual era ligado a la sexualidad. Por ejemplo, durante las festividades asociadas con el dios griego Dionisio, se usaban las hojas de hinojo como coronas, y también se consumía las semillas y hojas. Los antiguos hindúes concluyeron que el hinojo era amoroso. Con él se elaboraba un elixir para el vigor sexual, específicamente con el jugo del hinojo.

Los romanos consagraron el ajo en honor de Ceres, la diosa de la fertilidad. También hicieron una bebida inspiradora del amor, obtenida del jugo de ajos (a presión) y del cilantro. En la Edad Media, el ajo fue utilizado para revertir hechizos, especialmente en la disfunción eréctil originada por la magia.

La menta es otro afrodisíaco muy conocido en los tiempos de Shakespeare. Él escribió que era un estimulante para los hombres de mediana edad. Y si no resulta, al menos funciona para dar un beso fresco. Si desea conocer más sobre el tema, vea el capítulo 2 para conocer otras hierbas no culinarias, pero con cualidades afrodisíacas.

NUECES

Las nueces de pino han sido asociadas con la sexualidad por miles de años, principalmente en la región del Mediterráneo. Por ejemplo, el poeta romano Ovidio incluyó este fruto en su libro *El arte de amar*. Una explicación para esta conexión con el amor puede ser su alta concentración tanto de zinc como de arginina.

Las nueces tienen una reputación erótica también. Una vez más, los antiguos romanos fueron los primeros en sugerir que este fruto tenía poderes que inspiraban al romance. Las nueces fueron usadas en rituales de fertilidad, así como también en las bodas, al estilo de cómo hoy en día se tira el arroz en los matrimonios.

Otros tipos de frutos secos como las almendras, los pistachos y las semillas de girasol influyen en el incremento del ardor sexual. Incluso hay algunas investigaciones —aunque de momento

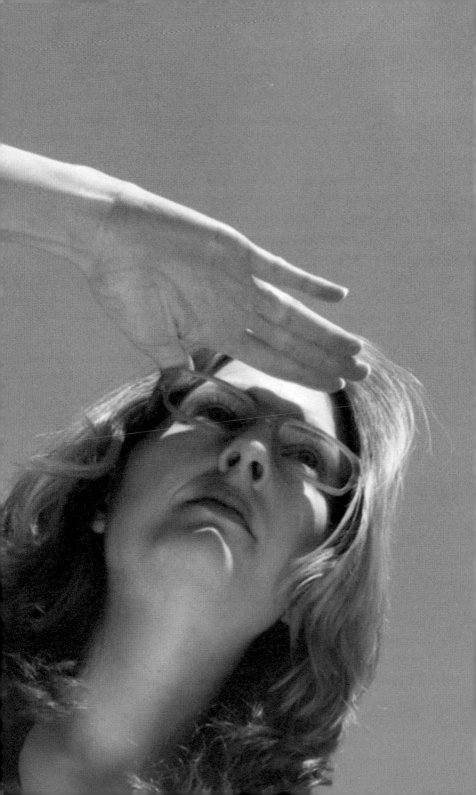

solo realizadas en animales—, sobre los efectos positivos de estos, especialmente las almendras, que favorecen la cantidad y la movilidad de los espermatozoides.

ÓRGANOS

Los órganos sexuales de ciertos animales poderosos, tales como tigres u osos, son considerados por varias culturas como impulsores de la destreza sexual. Otras partes de animales, como el cuerno de rinocerontes, también han sido considerados como afrodisíacos. No hay evidencia de que este tipo de productos animales ofrezcan algún beneficio. Al respecto, se debe mencionar que muchas de estas especies, como el rinoceronte o tigre están ahora en peligro de extinción, en parte debido a que tienen mucha demanda por sus supuestos beneficios sexuales. Los productos derivados de estas criaturas no deberían ser usados de ninguna manera.

OSTRAS

Las ostras son consideradas el afrodisíaco más poderoso. Esta conexión se remonta al mito de Afrodita, la diosa griega del amor, que salió del mar en una concha de ostra y luego dio a luz a Eros, el dios del amor. Durante el imperio romano, las ostras eran tan valoradas y costosas que se vendía el peso en oro. El famoso amante Casanova era conocido por consumir cincuenta ostras crudas al día en su búsqueda de la perfección sexual. Probablemente, él no estaba tan completamente desorientado: las ostras contienen una gran cantidad de zinc, un mineral crucial para la función sexual. Las deficiencias en zinc dificultan la fertilidad y los niveles de hormona en hombres y mujeres. Solo una ostra completa el requerimiento diario de este mineral.

TRUFAS

Los romanos fueron los primeros en promover las trufas como afrodisíacos. Después que el imperio romano cayó, las cualidades afrodisíacas de las trufas se olvidaron hasta que el interés por lo erótico de los franceses lo revivió en el siglo XVIII. La escasez y el precio de las mismas han contribuido a relacionarlo con la sexualidad.

VEGETALES

Las alcachofas han sido consideradas un afrodisíaco por años. El proceso provocativo de pelar hoja por hoja y lamerlas con mantequilla con los dedos embadurnados, es probablemente la causa de esta reputación.

Los espárragos están en la categoría de alimentos con una forma sugestiva lo cual lo relaciona a la sexualidad. Tanto los antiguos árabes como los griegos cultivaban espárragos como un alimento que promovía al sexo. Se creía que una persona que comía espárragos tendría muchos amantes.

Del apio se ha dicho que incrementa el apetito sexual y fue, alguna vez, el afrodisíaco más considerado en Europa, donde numerosas canciones populares aludían a sus poderes eróticos. Durante la Edad Media, el apio fue usado en encantamientos para tener hijos varones.

Las berenjenas con su color sensual, brillo y forma también fueron consideradas tradicionalmente como un afrodisíaco en la Europa medieval.

Los griegos, romanos, egipcios y árabes pensaban que la cebolla era más que un simple ingrediente en sus comidas. En una época, los sacerdotes egipcios estaban prohibidos de comer cebollas, pues se pensaba que estas podrían interferir con sus votos de celibato. El Kama Sutra también incluía numerosas referencias a los poderes de la cebolla.

Las patatas fueron también fuertemente relacionadas con la sexualidad, pero esto al parecer se debió a su escasez. Conforme se volvieron más comunes en las dietas, su magia como afrodisíaco desapareció rápidamente. Los tomates, como las patatas, también disfrutaron de la reputación de

afrodisíacos cuando recién fueron introducidos en Europa. Pero hay que tener presenta que hay un sustento real para esta última creencia: los tomates contienen abundante licopene, un micronutriente que incrementa la fertilidad masculina.

Conclusiones

Teniendo en cuenta la mayoría de alimentos y bebidas presentados en este capítulo, será divertido incluirlos en una cena romántica. Los siguientes son los que poseen una mayor conexión con el erotismo:
* Bebidas alcohólicas
* Chocolate
* Nueces
* Ostras
* Trufas

2

Afrodisíacos naturales

La búsqueda de afrodisíacos data desde tiempos inmemorables. Los afrodisiacos —llamados así en honor a la diosa griega del amor y la belleza, Afrodita— funcionan de muchas formas. Algunos son tónicos que aumentan la vitalidad, otros afectan directamente el sistema reproductivo. Y, el afrodisiaco más valorado de todo, tiene un efecto directo y burbujeante en la libido, excitando el deseo e incluso mejorando el desempeño y el placer. Aunque realmente no exista una "Poción de Amor No. 9", hay algunos nutrientes y hierbas que elevan la libido. Las vitaminas, minerales, aminoácidos y hierbas descritos en este capítulo han demostrado habilidades afrodisíacas; pero, ojo, no se recomienda usar todas al mismo tiempo. Hay que ser selectivos y escoger uno o dos que parezcan los más apropiados según la situación de cada uno. Si los elegidos no parecen funcionar para usted, cámbielo y pruebe de nuevo.

Arginina

El aminoácido arginina ha sido testado por sus habilidades para aumentar el deseo tanto en hombres como en mujeres. La arginina eleva los niveles de óxido nítrico en la sangre y tejido muscular. Esto, en consecuencia, aumenta el flujo sanguíneo necesario para el desempeño sexual. En un estudio realizado en la Universidad de Nueva York, se le dio placebo a quince hombres con disfunción eréctil por dos semanas, luego una dosis diaria de 2,800 mg de arginina por otras dos semanas. Seis de los hombres del estudio presentaron mejorías con el aminoácido, pero ninguno presentó algún cambio mientras tomaba el placebo.

Las mujeres también tienen algo que ganar con este aminoácido. La arginina (dada en combinación con ginko, ginseng, damiana y otras catorce vitaminas y minerales) fue comparada con un placebo en noventa y tres mujeres carentes de deseo sexual. Después de cuatro semanas, el 62% del grupo que tomó arginina presentó un aumento significativo en su satisfacción sexual, comparado con el 38% del grupo que tomó el placebo. De igual modo, el 64% del grupo que tomó arginina presentó un aumento en el deseo sexual.

La arginina es encontrada en alimentos ricos en proteína como la soja, arroz integral, pollo, productos lácteos y nueces. También está disponible en suplementos dietéticos. Una buena reco-

mendación es tomar de dos a cinco gramos de arginina por las noches o alrededor de una hora antes del encuentro sexual. Si usted sufre de periodos de herpes labial o genital, no debería tomar suplementos de arginina porque puede estimular el virus que causa esta enfermedad.

DAMIANA

La reputación de la hierba damiana data desde tiempos remotos como una planta que ayuda al erotismo, particularmente entre los nativos mexicanos. Se cree que esta hierba es más apropiada para las mujeres con problemas en la libido.

En investigaciones con animales, se encontró que extractos de damiana incrementaba el comportamiento "sexualmente perezoso" de las ratas. En humanos la hierba ha sido testada como un producto combinado con arginina y muchas otras hierbas y nutrientes. En un estudio controlado usando placebo en un grupo de 77 mujeres con un interés en mejorar su desempeño sexual, el 74% mejoró su vida sexual. La damiana puede ser tomada alrededor de una hora antes del encuentro sexual. Los suplementos de esta hierba son, generalmente, tomados en cantidades de 400-800 mg tres veces al día. No hay efectos secundarios significativos. Solo se ha reportado un efecto suave de laxante con dosis muy altas.

DHEA

La hormona testosterona tiene un efecto poderoso para el sexo. La hormona natural DHEA sirve como un precursor de la testosterona, por lo que es asociado al empuje sexual. La cantidad de DHEA en el cuerpo declina precipitadamente con la edad, por lo que los suplementos DHEA pueden ser especialmente efectivos para hombres y mujeres mayores. En un estudio con mujeres mayores (entre 60 y 79 años) se encontró que 50 mg de DHEA tomado diariamente durante un año, incrementó significativamente su libido. Antes de ingerir DHEA es mejor consultar con un médico que tenga conocimiento en medicina natural. El doctor probablemente evaluará el nivel de sus hormonas para determinar la cantidad adecuada que debe tomar de esta hormona (generalmente, 5-15 mg para mujeres pre menopáusicas, más de 50 mg para hombres). Cantidades mayores a 50 mg por día pueden causar acné, incremento del vello facial y transpiración en algunas personas.

DONG QUAI

También llamado Angélica China, es conocido como el "ginseng femenino". Tradicionalmente, se cree que el dong quai tiene un elemento que aporta equilibrio en el organismo y que afecta el sistema

hormonal femenino actuando como un tónico reproductivo y sexual. Tiene una larga historia de uso tanto en Europa como en Asia. De hecho, ha sido usado en China por más de dos mil años como un tónico para el sistema reproductivo femenino, específicamente para el sangrado uterino, el dolor menstrual y para los ciclos irregulares. En la actualidad, los herbolarios continúan usando el dong quai para aliviar el síndrome pre menstrual, combatir periodos de dolor y contra los síntomas menopáusicos.

Como el dong quai no es un afrodisíaco clásico —pues no tiene un impacto directo sobre la libido—, obviamente que al equilibrar las hormonas ayuda a una vida sexual saludable. Es ahí donde esta hierba tiene un efecto benéfico en el deseo sexual femenino. Eso no implica que los hombres no puedan beneficiarse del dong quai. En un estudio coreano sobre una crema asiática (con una fórmula que contenía nueve hierbas entre ellas el dong quai y ginseng), se demostró que podía retrasar el orgasmo en un 80% del tiempo en el caso de hombres con eyaculación precoz. La mejoría se dio en 104 casos de los 106 participantes.

Esta hierba no tiene asociada efectos secundarios. Como suplemento, es generalmente usada en cantidades de 3-4 gramos por día.

GINKGO

Esta especie tiene por lo menos 200 millones de años de antigüedad (estos árboles pueden vivir durante cientos de años). En el año 2,800 a.C., se sabía que el ginkgo tenía efectos medicinales, pues quedó registrado en la *Materia Médica China* (una enciclopedia sobre hierbas). Antiguamente, la raíz y el grano eran usados como una ayuda digestiva, como apoyo a la función de los riñones y para alimentar la vitalidad sexualidad.

Solo en las últimas décadas las hojas del árbol del ginkgo se han convertido en objeto de atención para la medicina natural. Un extracto de estas hojas tiene la habilidad para impulsar el flujo sanguíneo por todo el cuerpo. De hecho, el ginkgo está muy bien considerado en esta cualidad y está entre las hierbas más recomendadas y prescritas medicinalmente en Alemania y Francia. Generalmente, el ginkgo es reconocido por su habilidad de incrementar el flujo sanguíneo en el cerebro. Esto mejora la memoria y combate los desórdenes cognitivos relacionados a la edad.

Con la acción del ginkgo se mantiene el fluido de los vasos sanguíneos hacia el cerebro, también promueve el fluido sanguíneo saludable a través del cuerpo, incluyendo a los genitales tanto en hombres como en mujeres. En este sentido, las investigaciones han mostrado que el ginkgo puede ser efectivo en algunos casos de disfunción eréctil. Los investigadores estaban intrigados por una información anecdótica dada por una persona quien había experimentado una baja en el deseo sexual a causa de un antidepresivo, pero se recuperó después de tomar ginkgo. A un grupo de 63 hombres y mujeres con el mismo problema se les administró ginkgo (120 mg dos veces al día). El ginkgo dio resultados positivos en 84% de los casos.

Si usted está interesado en empezar a tomar esta hierba, hay algunas cosas que debería tener presente. Los extractos estandarizados del ginkgo son recomendados en cantidades de 120-240 mg por día. El perfil de seguridad de esta hierba es excelente, de acuerdo a una gran cantidad de pruebas clínicas confiables. Sin embargo, un número ínfimo, casi escaso, de efectos secundarios han sido observados. Menos del 1% de gente que ha participado en estudios ha experimentado un leve dolor de estómago. Algunas personas que han tomado más de 240 mg por día del extracto estandarizado, han tenido diarrea, irritabilidad y falta de sueño. También, un leve dolor de cabeza ha ocurrido a veces, pero en personas con un fluido pobre de sangre al cerebro y solo dura los primeros días en que se toma el ginkgo.

Si la aspirina es tomada en el mismo periodo de tiempo junto con el ginkgo, hay un gran riesgo de sangrado, pues ambos contienen elementos que diluyen la sangre. Cualquier persona que esté tomando medicamentos antidepresivos del grupo de inhibidores MAO debería evitar el ginkgo, pues este puede incrementar la cantidad de inhibidores MAO en el cerebro hasta llegar a un nivel poco seguro. Finalmente, todos aquellos con riesgo de paro cardio-respiratorio o hemorragias no deberían tomar ginkgo.

GINSENG

Esta es otra planta ampliamente reconocida y respetada por sus atributos. Tiene cinco mil años de reputación en China como la hierba que lo cura todo. De hecho, la raíz del ginseng era altamente apreciada desde la antigua China pues solo los emperadores podían recolectarla. De manera similar, en el imperio Otomano los sultanes tomaban el ginseng para potenciar su actividad sexual. Evidencias científicas actuales acerca de los poderes de esta hierba sugieren que las antiguas historias pueden ser ciertas.

El ginseng es clasificado como una hierba adaptógena. Esto resulta una cualidad aparentemente contradictoria del ginseng. Puede energizarte cuando las energías decaen y relajarte en momentos de ansiedad. También impulsa la producción de hormonas relacionadas al sexo, como la testosterona y, por tanto, ayuda tanto a hombres como a mujeres en la respuesta sexual. Las investigaciones han encontrado que el ginseng incrementa la producción de esperma en hombres con baja cantidad de los mismos.

Hay tres tipos de ginseng: Asiático, siberiano y americano. El más usado es el asiático, frecuentemente se encuentra con la etiqueta de Panax, ginseng coreano o chino. El ginseng americano es muy relacionado al ginseng asiático. El ginseng siberiano, también conocido como eleutero, no está tan relacionado con los otros dos, pero tiene efectos similares. Siempre es bueno seguir las instrucciones de cada etiqueta.

El ginseng es una hierba muy segura de usar. Sin embargo, puede contribuir al insomnio si se toma justo antes de dormir. Tampoco debería ser ingerida por personas con presión arterial alta, diabetes (a menos que haya consultado con su doctor para adaptarla a sus niveles de insulina), o cualquiera que esté tomando antidepresivos con el inhibidor MAO o medicina que diluyan la sangre.

HORNY GOAT WEED
O LA HIERBA DE LA CABRA EN CELO

También conocida como epidemio y yin yang huo, tiene una historia de dos mil años de uso en la medicina China tradicional. Según la leyenda esta hierba ganó su apodo cuando un pastor de cabras notó el comportamiento lujurioso de las cabras después de comer de un arbusto de hierbas. Ahora es un reputado afrodisíaco, aunque las investigaciones en humanos necesitan ser reconducidas. En teoría, esta hierba funciona incrementando los niveles de testosterona en el cuerpo. Además, puede bloquear una enzima (acetilcolinesterasa) que inactiva los neurotransmisores colinérgicos, el cual juega un papel importante en la actividad sexual. Generalmente es usado en cantidades de 1-3 gramos. Se toman alrededor de una hora antes del encuentro sexual. También puede ser usado diariamente como un tónico. No hay efectos secundarios significativos, pero porque aún no ha sido estudiada cuidadosamente; en consecuencia debe ser usado con precaución.

KAVA

Debido a que el estrés baja la libido, mejorar el manejo de este puede ayudar a restaurar el deseo sexual. La hierba anti estrés kava ha sido usada desde muchos años por los pobladores de las islas del Pacífico, quienes maceraban la raíz dentro de una pasta gruesa y la bebían en los cocos como parte de un ritual vespertino diario. Produce relajo físico y mental y sentimientos de bienestar, todo esto puede conducir a un ambiente de intimidad. Los extractos de kava pueden ser tomados en cantidades de 200-250 mg de kavalactones (el componente activo) dos o tres veces al día. Esta hierba puede causar malestar leve del estómago en pocas personas. Cantidades más grandes se pueden asociar con serios efectos secundarios y no debería ser tomado.

MACA

La maca es una planta peruana cuyo contenido nutricional es similar al del maíz, del arroz y del trigo, y superior al de la patata por muchos minerales y proteínas. Con tal valor nutricional, no sorprende que haya sido usada tradicionalmente como un impulsor de energía, resistencia y fertilidad. Se ha demostrado que en las ratas, la maca ha mejorado el desempeño sexual. En humanos, esta hierba (1,500-3,00 mg por día) ha demostrado incrementar la cantidad de semen, esperma y la movilidad de estos últimos. No se conoce efectos secundarios significativos con su uso.

MUCUNA PRURIENS O EL FRIJOL DE TERCIOPELO

Mucuna pruriens (también conocido como *frijol de terciopelo*) es una hierba oriunda de la India. La tradición Ayurveda la clasifica como un afrodisíaco. Se ha comprobado que incrementa los niveles de testosterona y que, a su vez, aumenta la libido. Aunque se han realizado investigaciones adicionales en humanos, en este momento no hay suficiente información para hacer alguna recomendación.

MUIRA PUAMA

Es una hierba derivada de un arbusto de la Amazonía. Hay documentación que lo califica como un impulsor sexual, pues en la Amazonía es conocido como "madera potente". De hecho, en la medicina folklórica amazónica es conocida principalmente como un afrodisíaco. En un estudio con 202 mujeres que tenían poco deseo sexual, una combinación de muira puama y ginkgo dio muy buenos resultados en términos del deseo y desempeño sexual. En otro estudio con 262 hombres que padecían de disfunción eréctil y/o falta de deseo, la muira puama (en cantidades de 1-1,5 gramos al día) después de dos semanas, les restauró el deseo a un 62% de los hombres. Mejoró las dificultades de erección en un 51% de ellos.

Hasta el momento no se han identificado inconveniencias con el muira puama. Se usa generalmente como extracto estandarizado en cápsulas, de 250 mg tres veces al día.

AVENA

La avena ha sido ampliamente asociada con la virilidad. Fue el foco de atención de las investigaciones en los década del 80 por el Instituto de Estudios Avanzados de la Sexualidad Humana en San Francisco, el cual tenía una línea de productos de avena. Sin embargo, cabe mencionar que esta investigación no fue publicada. En estos momentos hay ausencia de información científica comprobada sobre los efectos de la avena en la libido. No obstante, muchos hombres y mujeres toman suplementos de avena y dan testimonio de sus efectos positivos. La avena es extremadamente segura, a menos que usted sea alérgico a la avena o al gluten.

TRIBULUS

La *Tribulus terrestres* ha sido valorada en la medicina Ayurveda como un afrodisíaco. Es afamada por mejorar las erecciones y prolongar su duración. El Protodioscin —un componente derivado del tribulus— ha demostrado clínicamente que impulsa el deseo sexual y mejora erección. Se puede intentar consumirla en cantidades de 1 gramo por día. Pocas personas experimentan dolor estomacal al usar esta hierba.

VITEX

También tiene el nombre de *Árbol de la castidad*, pues se creía que reprimía el deseo sexual. Los herbolarios modernos, sin embargo, creen que el vitex no produce castidad, sino que corrige el desequilibrio hormonal. En esencia, se piensa que

el vitex es para equilibrar la energía sexual, disminuyendo o incrementando esta según se necesite. Se recomienda cuarenta gotas del extracto de esta hierba, combinados con un vaso de agua y bebido por las mañanas. Según los expertos, el vitex puede tomar varios meses para mostrar sus efectos. No debería ser usado por mujeres embarazadas.

YOHIMBE

El árbol de yohimbe es nativo del oeste africano, donde ha sido usado por centurias para tratar la lepra, la tos y la fiebre. En occidente, por muchos años, ya se ha conocido del poder sexual de la corteza de este árbol.

Los suplementos derivan de la corteza del árbol. Una prescripción médica de esta corteza se llama yohimbe (el nombre del componente activo de esta planta). Los suplementos de yohimbe funcionan como un dilatador de los vasos sanguíneos necesitados para la erección. En una investigación con hombres usando 30 mg de yohimbe diariamente, se encontró que la hierba puede ser efectiva para la disfunción eréctil.

Por otro lado, los reportes clínicos indican que la yohimbe también incrementa la libido y el desempeño en personas saludables.

A pesar de la evidencia científica y tradicional de la eficacia de la yohimbe, debe tener mucho cuidado si se interesa en esta hierba. De hecho, es mejor usarla bajo supervisión médica. Limítese a tomar 40 m de yohimbe diariamente, pues las cantidades altas pueden interferir con la función muscular, causar vértigo o producir erecciones prolongadas y dolorosas. Algunos hombres que han tomado demasiado yohimbe han tenido alucinaciones o desarrollado mareos, náusea, insomnio o ansiedad. Además, cualquiera que tome yohimbe debería evitar alimentos ricos en tiramina, pues esta combinación puede causar, teóricamente, una subida peligrosa de la presión arterial.

AMOR PELIGROSO: AFRODISÍACOS A EVITAR

Algunos vendedores ambulantes de pociones de amor venden mercadería sexual sin ningún valor y debería ser precavido con este tipo de mercancía. Ciertos afrodisíacos renombrados pueden ser peligrosos si se usan de manera excesiva o inapropiada.

La mosca española es probablemente el afrodisíaco más famoso en la historia occidental. Su uso data desde tiempos románicos. Está hecho de un escarabajo verde esmeralda (no es una mosca) conocido como escarabajo blister. El escarabajo completo es aplastado y comido, lo cual causa una irritación al tracto urinario y genital. Esto a veces produce una erección, pero por supuesto, ¡no es un

afrodisíaco! El resultado final es una sensación bastante incómoda e incluso hay casos en que esta legendaria práctica ha causado una cicatriz en la uretra, infecciones y la muerte. Nunca debería ser usado.

En el sudeste asiático, hay escarabajos que también son comidos como un remedio folklórico para la libido. A parte del hecho de que no hay evidencia de que sea efectivo, los escarabajos usados con este propósito son conocidos como el anfitrión de los gusanos tenias.

Otro afrodisíaco hecho de veneno de sapo ha sido asociado con varias enfermedades severas e incluso la muerte de hombres que usaron productos que contenían esta substancia.

Un reciente informe ha publicado una serie de advertencias acerca de la hierba regaliz. En hombres, ingerir grandes cantidades de esta hierba (7 gramos diarios) puede incrementar una substancia en el cuerpo que bloquea la producción de testosterona, por lo tanto, contribuir a la disfunción sexual.

Conclusiones

Para un sexo fantástico, intente estos suplementos afrodisíacos y hierbas.

Hombres	Mujeres
Arginina	Arginina
Ginkgo	Damiana
Maca	Ginkgo
Muira puama	Muira puama
Tribulus	
Yohimbe	

3

LA VIDA AMOROSA

Primero, las buenas noticias: los avances médicos y la reducción de la reticencia a debatir los problemas sexuales han permitido que la satisfacción sexual tenga un gran incremento en las últimas tres décadas. Por consiguiente se ha incrementado el número de adultos sexualmente satisfechos. Entre ellos muchas mujeres, aunque ellas están todavía ligeramente detrás de los hombres en términos de satisfacción. Ahora, las malas noticias: todavía hay muchos saboteadores sexuales como el estrés, la fatiga, el fumar, la obesidad y el alcohol excesivo. Continúe leyendo para descubrir las elecciones en el estilo de vida que le pueden hacer sentir mejor.

COMER LO APROPIADO
PARA MAXIMIZAR SU VIDA SEXUAL

Para ser capaz de amar completamente a otra persona, primero tiene que amarse a sí mismo. Mostrando autoestima por medio del cuidado de su cuerpo y el mantenimiento de buena salud, ya es un gran inicio. Los alimentos nutritivos son la base para tener un cuerpo sano y sexy.

Una de las primeras cosas que tiene que considerar acerca de su dieta es cuánta grasa está consumiendo para luego reducirla. Hay muchas formas en que este simple consejo le ayudará para su salud en general, así como también para su buena salud sexual. Una dieta alta en grasas contribuye a tener un colesterol alto, el cual obstruye los vasos sanguíneos, incluyendo aquellos que llegan a los genitales. Una dieta alta en grasas también contribuye a la obesidad, lo cual también dificulta la libido en diferentes formas, como niveles bajos de testosterona. Para cambiar esto, puede empezar poco a poco, dejando algunas veces de comer la famosa comida rápida, y optando por comer algo más saludable, que no sea alimentos procesados. Reemplace las carnes rojas por pollo sin pellejo o pescado. Use productos lácteos desnatados o semi-desnatados.

También es bueno que tenga en su dieta diaria frutas y vegetales. Estos últimos son bajos en grasas y altos en fibras, dos cualidades que ayudan

a controlar el peso y el colesterol y a reducir el riesgo de enfermedad cardio muscular. Estos son como tesoros escondidos de vitaminas, que se necesitan para un sistema reproductivo saludable.

Otro objetivo para una buena dieta es disfrutar de los granos, nueces y semillas. Así como con las frutas y vegetales, estos contienen bastante fibra y reducen el riesgo de enfermedades cardíacas. Escoja arroz integral en vez del blanco, pan integral, etc. Las vitaminas, minerales y otros nutrientes son un bono extra en la alimentación saludable.

MUÉVELO O PIÉRDELO

No hay duda acerca de esto: el ejercicio hará de su vida sexual algo mejor. Para hombres y mujeres de toda edad, aquellos que son físicamente activos, disfrutan con mayor frecuencia de una vida sexual satisfactoria. Un buen objetivo es hacer solo 30 minutos de ejercicios, tres o cuatro veces a la semana.

La mejora del estado cardiovascular es uno de los más importantes para el beneficio sexual. Esto significa que los genitales obtienen la cantidad adecuada de sangre para su óptimo funcionamiento. El colesterol bajo es otro beneficio del ejercicio, pues este obstruye las arterias de los órganos sexuales. También impulsa la producción de hormonas sexuales. Además, es importante porque constituye la resistencia, la flexibilidad y la fuerza muscular, todos valiosos durante el sexo. Finalmente, el ejercicio tiene muchos beneficios psicológicos como disparar las endorfinas, aliviar de la ansiedad y mejorar el estado de ánimo, haciéndolo todo posible para que usted y su pareja quieran hacerlo en el primer lugar que encuentren.

Cómo empezar una rutina de ejercicios

1. Escoja una actividad que le agrade (pasear, caminar, montar bicicleta, esquiar, nadar, etc.), y no olvide que el sexo, por sí mismo, ¡es una forma de ejercicio! Para los principiantes, las caminatas son una elección ideal. Puede hacerlo en lugares cerrados (centro comercial) o en lugares abiertos, no requiere de un equipo especial, tampoco necesita de habilidades especiales; tiene pocos riesgos o daños y puede practicarlo solo o con amigos.

2. No se esfuerce demasiado al primer intento. Empiece lentamente, con lo que su cuerpo se acostumbrará al ejercicio y así usted no estará demasiado cansado para continuar.

3. Mantenga una mentalidad positiva. Si quiere asistir a un gimnasio, elija uno cerca a su hogar o centro de trabajo. Tenga en mente que tiene que ejercitar y que no depende del tiempo o clima que

haga. No se ponga ninguna excusa para realizar sus ejercicios ese día.

4. Ponga creatividad en su rutina. No se sabotee haciendo solo un tipo de ejercicios en el gimnasio o usando solo una máquina en casa. Rote por actividades diferentes para que el aburrimiento no lo detenga.

5. Ejercite con algún amigo. Esto le ayudará a mantenerlo motivado y reducirá las posibilidades de abandonar su rutina de ejercicios.

PRECAUCIÓN AL MONTAR BICICLETA

Montar bicicleta es un gran ejercicio, pero hay algunas precauciones que debe tomar para no quedar con problemas sexuales. Un accidente (incluso algo simple como un frenazo en una curva o un bache en el camino) podría provocar que se deslice hacia delante de su asiento y colisione con el tubo de metal que está entre el asiento y las manillas direccionales. Este tipo de accidente ha sido considerado como una causa potencial de dificultades sexuales, incluso si el accidente ocurre en la infancia.

Otro tipo de problema más desconcertante a largo plazo es el causado por asientos duros y angostos. Estos asientos comprimen las arterias y nervios que dejan a los genitales sin irrigación sanguínea, causando daño permanente al tejido. Esto es, principalmente, problemático para los hombres: la mitad de los ciclistas varones experimentan adormecimiento genital y el doble de ellos tienen disfunción eréctil, comparados con hombres que practican otro tipo de deportes. Por citar un ejemplo, en los Estados Unidos el número de ciclistas que sufren de esto, o que están en riesgo de la disfunción sexual por esta razón, llega a cuatro millones. Cuantos más kilómetros acumulados, mayor es la probabilidad de lesiones sexuales.

Esto no significa que debería abandonar el ciclismo, porque, después de todo, los beneficios para la salud superan los riesgos. El sentido común juega un papel importante. Si está experimentando adormecimiento genital o disfunción eréctil, deje de montar bicicleta. De otra manera, siéntase libre de empezar o continuar con este deporte. Los recientes avances en diseño de asientos para bicicletas han minimizado los riesgos. Los nuevos asientos en forma de U mueven la presión lejos de la zona de las arterias del pene. Se sugiere que realice varias veces el ejercicio, en vez de hacer solo algunas de manera prolongada.

CONSIDERAR EL KEGELS

Engancharse a cualquier ejercicio generalmente contribuye a mejorar la vida sexual, pero hay un tipo de ejercicio llamado Kegels que es

específico para el buen desempeño sexual. El Kegels se orienta a mejorar el tono muscular en la región genital al que pocas veces se le pone atención. Los ejercicios Kegel fueron desarrollados por el cirujano Arnold Kegel en los años 50 con el objetivo de restaurar o mejorar el tono muscular de la región muscular pubococcígea, también conocido como el suelo pélvico. Este, generalmente, se debilita durante el embarazo y parto, así como también durante en el edad adulta como parte del proceso de envejecimiento.

Para realizar los ejercicios Kegel, se tiene que apretar los músculos del suelo pélvico, como si estuviera tratando de detener la orina. Apretar y relajar en tandas de diez veces a lo largo del día. Esto debería fortificar el tono muscular. Este ejercicio es recomendado para algunas mujeres para prevenir la incontinencia, pero ofrece otro beneficio para mejorar el placer sexual. Realizar Kegels durante el encuentro sexual puede también mejorar el placer tanto suyo como de su pareja.

Los peligros del estrés

El estrés es la némesis del buen desempeño sexual. La respuesta de adrenalina corta el fluido sanguíneo para las partes "no esenciales" del cuerpo, y en este caso, incluye los genitales. La preocupación por la situación del trabajo, los atascos de tráfico y otras molestias de la vida no son compatibles con un gran sexo. Debido a que el estrés reduce la libido, es propicio manejar técnicas de control de estrés que pueden tener reducir estos efectos y restaurar el ardor sexual.

Controlando su estrés

Las técnicas de control de estrés le pueden ayudar a mantener en calma su mundo interior para poder relacionarse con el agitado mundo exterior. La meditación es un mecanismo que tiene una larga historia de uso y que ha sido confirmada su efectividad en la modernidad. Trabajando de manera silenciosa el cuerpo y la mente, la meditación reduce la sobre estimulación que a veces recibimos y que nos lleva a sentimientos de ansiedad y estrés. Una postura sencilla de meditación es sentarse o tumbarse en un cuarto oscuro, luego pensar en un mundo o frase, mientras se va respirando y exhalando profundamente alrededor de 20 minutos. Después de un tiempo encontrará una perspectiva completamente nueva sobre las cosas que le producían estrés.

Visualizar el éxito es una buena manera de mantener la vida con esperanza. La preocupación —que es dejar su mente enfocada en lo que podría ir mal en su vida, en vez de enfocarla en lo que le podría ir bien— inconscientemente, se estanca en

los errores y dispara los niveles de ansiedad. Su cuerpo reacciona a la imagen mental de perder su empleo, un conflicto con su pareja o cualquier otro problema que se imagine como si la situación estuviera ocurriendo realmente; las hormonas del estrés son bombeadas desde los adrenales, el ritmo cardiaco aumenta y los músculos se tensan. Pero si dirige su imagen mental a una visualización positiva, exitosa, su cuerpo se relaja, se siente mejor y su inconsciente trabaja para alcanzar estos objetivos.

Y no se olvide del otro gran anti estresante: el sexo. Realmente el sexo es una forma muy efectiva de reducir sus niveles de estrés; solo tiene que encontrar el tiempo para participar de este placer.

SUPLEMENTOS QUE ALIVIAN EL ESTRÉS

La hierba anti estrés kava produce relajación física y mental, además de sentimientos de bienestar, lo cual conduce a un ambiente de intimidad. El reconocimiento de esta hierba es reciente en el mundo occidental. Ya se sabe que alivia el estrés, la tensión y ansiedad, pero su uso tradicional como una bebida social en las islas Polinésicas se remonta a tres mil años. Investigaciones modernas revelan que la raíz de kava contiene varios ingredientes activos (conocidos como kavalactones) que producen una relajación física y mental junto con sentimientos de bienestar. De hecho, el extracto de esta raíz se prescribe de manera usual en toda Europa como remedio para la ansiedad.

Una revisión cuidadosa de la investigación publicada sobre kava dio resultados positivos sobre su capacidad para servir como un remedio anti ansiedad. En varias oportunidades, el kava demostró ser superior a píldoras semejantes en el alivio de la ansiedad. La mayoría de investigaciones sobre ansiedad están basadas sobre los 100 mg de cápsulas de kava (estandarizadas para proveer 70 mg de kavalactones), tomadas tres veces al día.

Los efectos secundarios pueden ocurrir con dosis mucho más altas de kava, pero son menores e incluyen un leve dolor de estómago y picor en la piel. Problemas más serios de piel pueden ocurrir, sin embargo, en personas que usen esta hierba excesivamente en un largo periodo de tiempo. El kava no debe ser usado por mujeres embarazadas o que están dando de lactar, o cualquier otra persona que esté tomando antidepresivos u alguna medicina similar que afecte al sistema nervioso central.

El estrés y la ansiedad cobran su peaje en los suministros de mineral en el cuerpo. Personas del tipo A —altamente energéticos y agresivos— se ha encontrado que tienen niveles altos de hormonas del estrés en su sangre, bajos niveles de magnesio cuando son comparados con sus similares. Como si esto fuera suficiente, estas hormonas de estrés causan en las células corporales pérdida de magnesio. Y, como el almacenamiento de magnesio en el cuerpo es drenado, se activa la respuesta del estrés, lo que conlleva a una espiral de estrés. Todo esto, por supuesto, no propicia la sensación de relajación.

Muchas personas no alcanzan los niveles recomendados de magnesio en sus dietas. Las comidas ricas en este mineral están en los vegetales de hojas verdes, granos y legumbres. En términos de complementación alimentaria, 250-350 mg por día es una buena cantidad para la mayoría de las personas.

Las vitaminas del complejo B juegan un rol importante también para la vida moderna. Para los principiantes, la mayoría de las vitaminas B tienen que ver en el desarrollo y mantenimiento del sistema nervioso. Las vitaminas B también se necesitan para producir ciertos neurotransmisores. Ayudan a asegurarse de que el sistema nervioso esté preparado para el desafío de la vida.

De las vitaminas del complejo B, la vitamina B3 en su forma conocida como niacinamida puede ser particularmente beneficiosa, pues al parecer afecta al cerebro mucho más que ciertas medicinas anti ansiedad convencionales como el valium. Los suplementos que contienen 500 mg de niacinamida, se pueden tomar varias veces al día y pueden ser usados para calmar la ansiedad y el estrés.

Fumar y la disfunción eréctil

El veredicto es el siguiente: fumar es un desastre para la salud. Además del muy conocido riesgo de cáncer pulmonar, enfisema, ataque cardiaco, apoplejía, también puede arruinar su "diversión" en la habitación. Los hombres que fuman son siete veces más proclives de desarrollar la disfunción eréctil que los hombres que no son fumadores. Es irónico que las películas clásicas frecuentemente mostrasen el acto de fumar como algo natural después de las relaciones sexuales, cuando en la realidad es que, si usted fuma, tendrá mucho menos probabilidades de hacer el amor.

Fumar conduce a la disfunción eréctil como resultado de la circulación restringida. Aunque todavía no se ha investigado mucho, la respuesta sexual femenina es probable que también se vea comprometida, pues el placer en la mujer también depende de la buena circulación sanguínea hacia los genitales. Solo el 28% de la población fuma, pero un alarmante 40% de hombres con disfunción eréctil son fumadores. Obviamente, este hecho repercute en el cuerpo y performance del varón. Pero, aún así, hay buenas noticias que compartir. Los fumadores que recién empiezan no tienen un alto riesgo de disfunción eréctil en comparación con quienes nunca han fumado. Nunca es demasiado tarde para dejarlo. Por el bienestar de su vida sexual, corazón, pulmones y, en general, por su vida misma.

¿Cuántas veces la fatiga le ha impedido a usted o a su pareja tener un encuentro exitoso en la cama? La fatiga es el asesino de la vida sexual de muchas parejas. La vida cotidiana está cargada por las horas de trabajo, las obligaciones familiares, etc., y todo esto hace que el sexo quede simplemente fuera de nuestro día a día (o de la semana o incluso del mes).

Aunque las ocho horas de sueño es la recomendación estándar, casi la mitad de las personas duermen solamente seis horas o menos cada noche. La falta de sueño quita el interés en muchas actividades, incluyendo al sexo. Además, esta carencia de sueño también se relaciona con la depresión, los estados de ánimo e inestabilidad, dos características que no ayudan a incrementar el interés sexual, placer y desempeño.

De cada tres personas, el problema no es que no encuentren tiempo para dormir, sino es que no duermen de manera apropiada. El 95% de los adultos experimenta insomnio en algún momento de sus vidas. Este varía en grados de severidad. El insomnio corto dura pocas noches y es, frecuentemente, el resultado de algún estado de excitación, estrés leve o ingesta de cafeína. El insomnio de corta duración persiste durante un par de semanas y suele ser por un estrés mayor o enfermedad. El insomnio crónico es un desorden de larga duración con muchos factores que intervienen como una enfermedad física, depresión, un ambiente inadecuado para dormir, y el estilo de vida. Sin embargo, cualquiera de estos grados de insomnio impactan en la salud y contribuyen a pasar el día somnoliento, irritable y con muy poca vida sexual.

Casi la mitad de los casos de insomnio son causados por estrés psicológico y emocional. Sentirse nervioso o agobiado, haciendo trampa en el trabajo o en casa, afrontando constantemente las fechas de entrega final. Para complicar el problema, el estrés por sí mismo contribuye al insomnio, por lo que se convierte en un círculo vicioso que va empeorando la forma de dormir. La relajación debería ser el primer ingrediente como fórmula exitosa a la hora de dormir. Vea las primeras recomendaciones que aparecen en este libro para ejercicios y manejo del estrés.

CONTROL DEL PESO

Su peso también juega un rol en la salud sexual. Tener unos kilitos de más puede que no sea un problema, pero estar severamente con sobrepeso o por debajo de este, tiene consecuencias negativas. La alta presión arterial y el colesterol alto asociados con la obesidad pueden llevar a la disfunción sexual, mientras que estar significativamente por debajo del peso ideal puede poner en riesgo la función sexual y la fertilidad pues provoca anemia, fatiga y una producción débil de hormonas.

Cuando se está en forma, no se necesita hacer grandes esfuerzos por parecer un personaje irreal de Hollywood. De hecho, un hombre o una mujer que están contentos con sus cuerpos, a pesar de que puedan tener unos kilitos extra, son mucho más atractivos que una persona que está obesa. Sin embargo, estar con sobre peso puede conllevar a tener una imagen negativa de su apariencia, así como de su autoestima. En muchos casos, perder peso puede dar un impulso a la pasión sexual y a su desarrollo.

CONCLUSIONES

Para mantener su libido en forma debe evitar los sabotajes sexuales.

* Alimente su cuerpo con buenos alimentos y se sentirá mejor para "alimentar" su pasión. Evite grasas excesivas.

* Participe en alguna actividad física de manera regular si quiere llegar a estar "en forma".

* El estrés debilita el vigor sexual, controle su estrés con meditación, ejercicios o suplementos como el kava.

* Fumar es la forma más rápida de sacar la pasión de la habitación: si fuma, déjelo.

* Trate de descansar bien para así tener suficiente energía para poder "jugar" en la cama y no solamente tener un encuentro rápido en la noche.

* La obesidad es la mejor forma de tener problemas de salud que interfieran con la salud sexual. Manténgase en un peso saludable.

4

CARTILLA PARA EL SEXO

Para ser un buen amante es importante comprender lo básico sobre el sistema sexual femenino y el masculino y cómo el cuerpo reacciona durante el encuentro sexual. Este capítulo brinda esta información. Después explicará con detalles este tema, incluso las cosas que pueden fallar.

PRINCIPIOS ANATÓMICOS

El sistema sexual masculino consiste en el pene, escroto y testículos. Cuando el pene no está erecto mide, aproximadamente, de cinco a nueve centímetros de largo en la mayoría de hombres. Cuando está erecto la longitud tiene aproximadamente de 15 a 20 centímetros. Esto ocurre a través de dos vasos hidráulicos: el pene contiene tres cilindros de tejido esponjoso, los cuales están juntos, dos de ellos en la parte superior y el más pequeño en la parte inferior. Este último es el conducto de la orina y del semen. Estos cilindros se empiezan a ensanchar con el fluido de la sangre cuando el hombre está sexualmente excitado, lo que ocasiona su ensanchamiento y endurecimiento, exactamente como un balón cuando es llenado con agua. La punta del pene se denomina glande y es altamente sensitivo. El escroto es como una pequeña bolsa de piel que cubre y contiene a los testículos, los cuales producen y segregan el esperma y las hormonas masculinas.

El sistema reproductivo femenino consiste en el genital externo, llamado vulva y los genitales internos. Los primeros incluyen el pubis, una cubierta externa de piel llamada labio mayor y la cubierta interna llamada labio menor, y el clítoris.

Los genitales internos incluyen la vagina, útero, trompa de Falopio y los ovarios.

CÓMO OCURRE LA EXCITACIÓN

La excitación sexual es un proceso complejo que involucra el cerebro, el sistema nervioso, las hormonas y los genitales. El ciclo de respuesta sexual es esencialmente el mismo para hombres y mujeres y tiene cuatro fases: deseo, excitación, orgasmo y resolución.

En la etapa del deseo, ambos, tanto hombre como mujer experimentan un aumento en la sangre que ensancha los genitales. En los hombres se observa en la erección, al distenderse las arterias permiten mayor circulación sanguínea. Mientras, las venas, que normalmente llevan la sangre fuera del pene, se comprimen para mantenerla dentro de este, y los testículos se retraen hacia el cuerpo. En las mujeres el clítoris se erecta cuando el labio se engrosa, las paredes vaginales se expanden y es cuando empieza la lubricación vaginal. Ambos sexos experimentan un incremento en la tensión muscular, se endurecen los pezones y también aumenta el ritmo cardiaco.

La fase de excitación es, en esencia, una continuación de la fase del deseo, durante el cual se produce un incremento en las emociones propias de la tensión sexual. El pene continúa su aumento de tamaño, los testículos se mueven mucho más arriba y una pequeña cantidad de fluido puede salir del pene. En las mujeres la vagina prosigue con su expansión, el clítoris se retrae y los pechos se endurecen. Hombres y mujeres pueden desarrollar una fuerte excitación que se manifestará con el ligero enrojecimiento de la piel en la parte superior del pecho, cuello y rostro, una respiración rápida, así como el pulso y el aumento en la presión sanguínea.

La fase del orgasmo no necesita explicación para la mayoría de las personas. Son contracciones extremadamente placenteras que culminan la experiencia sexual y relaja la tensión muscular que se había desarrollado. En este momento, el hombre eyacula.

En la fase de resolución, la congestión de sangre en varias partes del cuerpo se disipa y los músculos que estaban previamente tensos se relajan nuevamente. El pene se vuelve flácido, los latidos cardiacos regresan a su ritmo normal, y ambos, la pareja vuelven al estado normal.

Las mujeres tienen el potencial para lograr una nueva excitación, pero para los hombres hay un periodo de refracción en el cual no obtienen respuesta sexual a cualquier estímulo. Esto puede durar minutos, horas o más, depende del hombre.

La gran "O"

Las mujeres son mucho más propensas que los hombres a tener dificultades para llegar al orgasmo. De hecho, en un estudio sobre sexo se encontró que solo del 30% al 50% de mujeres experimentaron, honestamente un orgasmo. Esto significa que las parejas necesitan ser más creativas en sus repertorios, la estimulación al clítoris es necesaria para muchas mujeres para alcanzar el orgasmo.

Las mujeres pueden experimentar una variedad de orgasmos. Un orgasmo leve puede causar tres o cinco contracciones, mientras que uno más intenso puede tener hasta doce contracciones. La intensidad del mismo puede variar de un encuentro a otro. Algunas mujeres tienen incluso múltiples orgasmos.

La cantidad "correcta" de sexo

Mucha gente se pregunta cuánto es lo "normal" que una pareja debería tener de sexo. La respuesta corta es que no hay una cantidad normal o correcta para tener sexo. Se podría decir que la cantidad correcta de sexo para una pareja específica es determinado por muchos factores y cambios a lo largo de la relación. Obviamente, se practica más sexo durante el periodo de luna de miel.

Otros factores incluyen el reloj sexual de cada una de las partes, cuán ocupados estén, cuántas distracciones tengan (incluidos el trabajo, horarios conflictivos, niños pequeños en casa, etc.) y el proceso de envejecimiento. Entonces, vemos que hay una amplia variedad de factores, pero el promedio para las parejas que están en los veinte años de edad es aproximadamente dos veces por semana, frente al promedio de dos veces al mes para las parejas que están en los setenta años de edad (considerando que no sufra alguno de disfunción sexual).

Pero no hay razón para que una pareja sienta que deba encajar en alguna de estas estadísticas. Si una pareja se siente feliz teniendo sexo diariamente o una vez al año, entonces no hay problema. Los problemas solo aparecen cuando uno o los dos miembros de la pareja no están contentos con la frecuencia. La masturbación es una opción para la parte con mayor deseo sexual.

LAS HORMONAS LLEVAN LA LIBIDO

Las hormonas son una parte importante para un funcionamiento normal de la sexualidad. Gobiernan los pensamientos y deseos sexuales, la excitación genital y el orgasmo. Los niveles de hormonas varían diariamente, mensualmente y también tienden a disminuir según avanza la edad.

El estrógeno es la hormona femenina más importante. Aunque no tenga un efecto directo en la libido, es necesario para la lubricación genital y el buen estado de los tejidos vaginales. Cuando los niveles de estrógeno disminuyen, una mujer tendrá dificultad para lubricar y las paredes vaginales serán más susceptibles al dolor o a cualquier daño e incluso sangrado como resultado del coito. Por esta razón, entre otras, algunas mujeres optan por una Terapia de Reemplazo Hormonal (TRH) después de la menopausia, cuando sus niveles de estrógeno caen considerablemente. El estrógeno también está disponible en cremas de uso tópico.

La progesterona es otra hormona femenina crucial para la salud reproductiva. Esta prepara al útero para la implantación del huevo fertilizado durante la segunda mitad del ciclo menstrual. Esta hormona también promueve el desarrollo y buen estado de la placenta durante el embarazo. La progesterona también está presente en el síndrome premenstrual.

La TRH tiene muchos beneficios, incluido el alivio de muchos síntomas de la menopausia, un incremento en los niveles de energía, alivio de algunas formas de depresión, protección contra la osteoporosis y restauración de la salud vaginal, libido y orgasmo. Algunas investigaciones indican que la TRH produce un incremento en el cáncer de mama, ataques cardíacos y coágulos sanguíneos. De hecho, el estudio más extenso sobre TRH fue recientemente desmontado debido a los riesgos de esta terapia para las mujeres que poseían su útero. Esto conviene aclararlo un poco. De hecho, la TRH todavía se está estudiando si puede acarrear riesgos en mujeres que han tenido histerectomía. Sin embargo, según las últimas investigaciones, se está debatiendo mucho más sobre la TRH como un tratamiento apropiado para mujeres con útero. Su uso potencial debería ser cuidadosamente discutido y analizado con su médico.

La hormona testosterona, aunque inicialmente se pensó solo como una hormona masculina, da energía sexual tanto a los hombres como a las mujeres. Niveles bajos de testosterona arruina la libido en ambos sexos. Restaurar los niveles de esta hormona mejora el deseo y respuesta sexual de hombres y mujeres, pero su uso en mujeres todavía es controversial porque existe un equilibrio muy delicado (y comúnmente desconocido) entre cuánta testosterona es útil para una mujer y cuánto tiene un efecto masculinizante y dañino.

La cantidad de testosterona dada a las mujeres es mucho menor que la cantidad dada a los hombres, pues las mujeres tienen, normalmente, mucho menos de la hormona en sus cuerpos. Hay muchos estudios —sobre todo aquellos realizados sobre mujeres postmenopáusicas y mujeres a quienes se les ha removido quirúrgicamente los ovarios— que muestran que la terapia de reemplazo con testosterona incrementa la libido y la respuesta sexual. En las mujeres, la testosterona se da en combinación con el estrógeno. Al aumentar la testosterona por encima de los niveles promedios no ofrece beneficios adicionales y, de hecho, puede generar problemas de salud.

Otra hormona llamada DHEA (abreviatura para el nombre químico dehidroepiandrosterona) es producida por las glándulas adrenales. Como se ha visto antes, el DHEA es el componente básico de muchas hormonas relacionadas al sexo, como el estrógeno, la testosterona y la progesterona. Esta hormona ha sido relacionada con la producción de feromonas (el aroma que atrae al sexo opuesto). Cuando los niveles de DHEA disminuyen tanto en hombres como en mujeres, por el paso de los años, también disminuye la actividad sexual. El DHEA se puede encontrar en suplementos dietéticos. Algunas investigaciones indican que hay beneficios al usarla, como un aumento en la libido. Cuando mujeres con disfunción sexual — tanto premenopáusicas como postmenopáusicas— fueron tratadas con esta hormona, los resultados fueron muy prometedores. El DHEA es generalmente usado en cantidades de 10 -50 mg por día. Sin embargo, hay que considerar ciertas precauciones, tales como riesgo potencial en los niveles de colesterol, daño al hígado y un incremento riesgoso en ciertos tipos de cáncer. Siempre se recomienda trabajar con un doctor o nutricionista para empezar a consumir esta hormona.

ASPECTOS QUE FALLAN
(Porcentaje poblacional)

	Hombres	Mujeres
Disfunción sexual	31-60	43-76
Libido bajo	15	30
Dolor durante el coito5	10-15	
Disfunción eréctil	31-52	
Eyaculación precoz	30	
Desorden de excitación sexual		10-20
Dificultad para lograr el orgasmo		10-15

Preocupaciones sexuales en los hombres

La disfunción eréctil obtiene la mayor atención dentro de todas las disfunciones sexuales que pueden afectar a los hombres. Por esta razón la disfunción eréctil (DE) será tratada con más amplitud en el capítulo 6 de este libro.

La eyaculación precoz es también una preocupación en los hombres. Con esta disfunción los hombres eyaculan muy rápido después de haber logrado la erección, algunas veces incluso antes de la penetración. Este problema tiende a ser psicológico, más que de naturaleza física. De tal manera que la consulta con un psicólogo puede ser una decisión más útil. Los psicólogos probablemente le sugieran algunas actividades, como la Técnica Squeeze (es un método para tratar la eyaculación precoz, aplicando presión al pene, debajo de las glándulas principales para el orgasmo para causar una pérdida parcial de erección y alargar el orgasmo)

También hay una gran variedad de medicamentos que pueden ayudar. Algunos son realmente antidepresivos en los cuales se ha encontrado que alargan el orgasmo como efecto secundario. Hable con su doctor si está interesado en explorar esta opción.

Una libido apagada es otra preocupación que se ha encontrado en más de un hombre en grupos de diez. La disminución en el interés sexual tiene muchas causas, como bajos niveles de testoste-

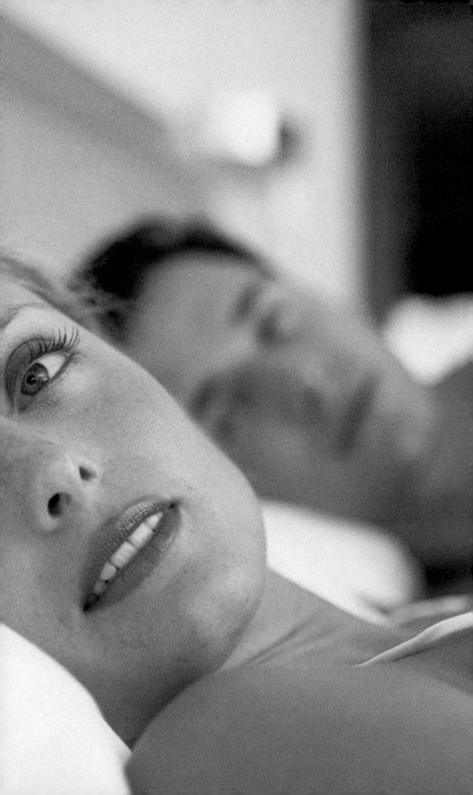

rona, depresión, fatiga o algún efecto secundario de ciertas medicinas. Aquellos hombres que son capaces de tener una erección pero no pueden llegar al orgasmo son generalmente tratados por un psicólogo, pues como mencionamos anteriormente, este problema es principalmente psicológico. Sin embargo, puede estar relacionado a causas físicas. La diabetes puede causar una pérdida de la sensibilidad genital como resultado de nervios dañados. Un recurso para este problema puede ser el uso de medicación antidepresiva.

PREOCUPACIONES SEXUALES EN LAS MUJERES

Los problemas sexuales de las mujeres no han tenido mucha atención de la comunidad médica. Por varios años, muchas mujeres suficientemente valientes para compartir sus frustraciones sexuales con sus doctores no tuvieron una respuesta amplia y meramente se les indicó el uso de lubricantes. O peor, sus preocupaciones de salud sexual eran explicadas como problemas psicológicos o de tipo emocional. En realidad, los problemas sexuales de las mujeres (así como el de los hombres) son generalmente, de naturaleza física y estas causas físicas pueden ser tratadas. Afortunadamente, en años recientes la comunidad médica ha puesto mucha más atención a este asunto.

La pérdida de deseo y otros problemas sexuales en las mujeres son mucho más comunes de lo que se puede imaginar. Muchos de estos problemas se pueden tratar, ya sean de origen psicológico o físico.

CUATRO TIPOS DE DISFUNCIÓN SEXUAL FEMENINA

La primera categoría de disfunción sexual femenina es conocida como Bajo Deseo Sexual. Una mujer tiene, simplemente, ausencia de interés sexual. La depresión es una causa común del bajón de la libido. Ciertos medicamentos, menopausia o bajos niveles de testosterona pueden ser los culpables.

El segundo es el Desorden de la Excitación Sexual. En estos casos, la mujer carece de una adecuada lubricación vaginal, acompañado de un ensanchamiento de los genitales externos. Otros aspectos de este problema, como sensibilidad en los pezones, incremento de la sensación del clítoris y labio, dilatación vaginal, aparecen generalmente debilitados. La excitación sexual femenina, así como la del hombre, requiere de un buen funcionamiento de la circulación y de fibras nerviosas. Fumar o enfermedades cardiovasculares son negativas. Si el problema es, básicamente, lubricación inadecuada para la comodidad sexual, el uso de lubricantes tópicos puede ayudar.

La tercera categoría de problemas que pueden afrontar las mujeres es la dificultad o incapacidad de lograr un orgasmo. Algunas mujeres nunca han tenido uno, mientras que otras tampoco pueden tenerlo debido a una cirugía, trauma o uso de medicamentos, deficiencia hormonal, etc. Debido a que muchas mujeres llegan al orgasmo como resultado de la estimulación del clítoris (completamente opuesto a la penetración vaginal) —y el clítoris no es directamente estimulado durante el coito— el problema puede ser resuelto fácilmente solo con ofrecer el tipo de estimulación correcta (manual, oral o con un vibrador directamente al clítoris). Antes de asumir que tiene algún problema con el orgasmo, la mujer debería, primero determinar si con la estimulación del clítoris puede alcanzarlo. De ser así, entonces, el problema puede ser resuelto simplemente cambiando la técnica sexual.

La categoría final es conocida como Dolores Sexuales. Cuando el coito es doloroso se dice que la mujer sufre de dispareunia. Ciertamente, este es un problema común para el cual existen muchas causas. En una encuesta, el 18% de mujeres en buen estado de salud señalaron haber experimentado frecuentes dolores sexuales durante el coito. Si el dolor es en la parte externa de la vagina, el problema puede ser relacionado a una irritación local como resultado del uso de espermicidas o de alguna infección de hongos. Si el dolor es más profundo, comúnmente es causado por el pene al ser introducido antes de la lubricación o excitación completa, esto quiere decir que la vagina no ha tenido la oportunidad de expandirse. Una endometriosis y fibromas también se consideran causa de la dispareunia.

En algunas mujeres el dolor se relaciona a una condición llamada vaginismo, consistente en que la tercera parte interior de la vagina tiene recurrentes e involuntarios espasmos. Estos interfieren o evitan el coito. Esto es mucho menos común que otras disfunciones sexuales femeninas que hemos presentado en esta sección y es frecuentemente causado por traumas sexuales pasados, como abuso sexual, coito doloroso que en ocasiones causa espasmos anticipando que el coito pueda ser doloroso. El vaginismo es generalmente tratado de dos maneras; con tratamiento psicológico y también con el uso gradual de dilatadores que se enfocan en diferentes sensaciones de relajación y contracción del músculo.

NUEVO TRATAMIENTO MÉDICO PARA LAS MUJERES

Una nueva terapia para las mujeres con disfunción sexual es el EROS-CTD (siglas en inglés de: Clitoral Therapy Device). Este artefacto es ubicado encima del clítoris provocando succión para incrementar el fluido sanguíneo y lograr el ensanchamiento del clítoris. Algunos estudios han encontrado que las mujeres experimentan un incremento de las sensaciones, mejor lubricación, mejorando la habilidad para llegar al orgasmo, y en general, una satisfacción completa. Este artefacto es una de las elecciones preferibles de las mujeres quienes desean evitar los potenciales efectos secundarios de los fármacos.

Conclusiones

Para obtener el máximo rendimiento de su vida sexual, es una buena idea conocer y entender los principios de anatomía sexual y mantenerse alerta sobre cualquier posible problema que pudiese aparecer.

* Las respuestas sexuales son similares para hombres y mujeres. Las cuatro fases son: deseo, excitación, orgasmo y resolución.

* Muchas mujeres necesitan excitación en el clítoris para llegar al orgasmo.

* La disfunción eréctil, eyaculación precoz y poca libido son las disfunciones sexuales masculinas más comunes.

* En las mujeres, la disfunción sexual más común son el bajo nivel de libido, desorden de la excitación sexual (la mujer siente interés, pero su cuerpo no responde), dolor durante el coito y dificultad para llegar al orgasmo.

5

CREANDO INTIMIDAD

Maximizar su salud sexual no es solo "reconectar" con la pasión, también es "reconectar" con su pareja. En el proceso de restauración o fortalecimiento de su intimidad, pasión y apetito sexual ambos deberían tomarlo de manera natural. De hecho, este proceso se convierte en un círculo en el cual a mayor intimidad, mayor y mejor sexo, el sexo a su vez aumenta la sensación de intimidad y así sucesivamente.

MÁS QUE UNA SIMPLE PASTILLA

Mientras que el viagra ha sacado del closet el problema de la disfunción sexual y restablecido las vidas sexuales de muchas parejas, la conclusión es que no hay píldora —sin importar cuán efectiva sea— que pueda por sí misma reemplazar la pér-

dida del romance y cariño que frecuentemente aparece en las disfunciones sexuales. Por ejemplo, un hombre que experimenta disfunción eréctil por primera vez, se siente confundido, avergonzado y en vez de conversar con su pareja sobre el tema, es muy probable que lo esconda emocional y psicológicamente. Esto también causa en ella confusión, rechazo y preocupación por si a lo mejor ella ya no resulta atractiva para él. Y, así, los años pueden pasar sin tratar el problema, haciendo mucho daño a la relación. Para esto no basta con tomar viagra. No, así no funciona.

Aunque la pareja este tratando de superar la disfunción sexual, es importante reconocer que el hombre y mujer tienen aproximaciones sexuales diferentes. El cuerpo de un hombre responde más rápido a los estímulos sexuales. Esto es a partir del hecho que muchos hombres sienten deseo y amor como resultado de haber tenido contacto sexual, mientras que las mujeres necesitan sentir intimidad y conexión emocional antes de que sus cuerpos empiecen a generar deseo físico. Esta disparidad entre hombres y mujeres ha sido la raíz de muchas rupturas de parejas. Trabajando juntos para encontrar un balance es vital para el éxito de la relación.

Fases de la intimidad en la relación

En las relaciones largas las parejas necesitan mantener la expectativa de manera realista. Tan divertida e hilarante como si fueran recién enamorados, el hecho es que este nivel de excitación no es posible mantenerla. De hecho, esta fase inicial —cuando la pareja solo piensa en el otro y el sexo es fabuloso y frecuente— no va a continuar para siempre. Conforme la relación se vaya estabilizando, esta avanza a una fase de unión emocional donde nace el amor real. Esta fase representa un nivel más profundo de compromiso, así como también permite incorporar la relación al resto de su vida.

Algunas parejas lamentan perder la fase de la pasión loca, lo que los puede llevar a un problema. Sin embargo, las relaciones más largas y exitosas son las que se mantienen a partir de la fase de unión. Estas parejas reconocen que salir de esta primera fase hacia la siguiente no significa perder el enamoramiento, simplemente significa que la relación ha madurado. Tampoco implica que el sexo no pueda seguir siendo fabuloso aunque pasen muchos años de casados. De esto es lo que trata este libro —encontrar formas o maneras para redescubrir la aventura amorosa con su pareja.

Problema de pareja

Las dificultades en las relaciones, tales como las emocionales o de rechazo a la pareja, son las razones para que el 40% de las mujeres y el 43% de los hombres consideren que se fracasa en el matrimonio. Las dificultades sexuales usualmente van relacionadas a estos problemas. No hay afrodisíaco que puedan superar estos temas sexuales pues se basan en conflictos de la relación.

Muchos matrimonios se vuelven algo así como compañeros de negocios, donde los quehaceres del hogar, las finanzas y las obligaciones sociales absorben la intimidad. También una comunicación pobre, enfados, falta de confianza y de conexión son factores que influyen definitivamente. Estos asuntos deben ser tratados antes que la conexión sexual sea restaurada. Si una pareja se ha apartado mucho y no pueden encontrar su propio camino de regreso a su intimidad, sería recomendable que tengan la ayuda de un consejero matrimonial.

La intimidad hace su trabajo

Si la relación de una pareja parece tener problemas relativamente menores, la solución puede ser más fácil. Por ejemplo, algunas parejas mantienen la chispa viva teniendo citas entre sí para reorientar la energía hacia la intimidad. Compartiendo el tiempo juntos sin ninguna otra distracción, puede resultar la mejor forma de volver a encender la llama.

La intimidad es un gran recurso que juega a tu favor, poniendo atención a diferentes formas de complacer a tu pareja, se convierte en una buena forma para volver a empezar. Las siguientes secciones explicarán cómo la conexión sexual con los cinco sentidos puede reorientar una relación.

ESTAR EN CONTACTO

De todos los sentidos, el tacto contribuye directamente al placer sexual. Estimula la expulsión de oxitocina, una de las hormonas de placer. La oxitocina alcanza altos niveles hasta llegar al orgasmo. Asimismo, contribuye a un sentimiento de bienestar y unión con la pareja. También está presente en los masajes, abrazos y besos.

Después de que haya pasado el periodo de cortejo, muchas parejas dejan de expresarse con las manos, desaparecen los toques de cariño y afecto que deberían estar presentes en el momento del coito. El tocarse uno a otro —un brazo alrededor de un hombro, una mano reposando en una cadera— en momentos que no es fácil el encuentro sexual, esto puede ayudar a construir una cercanía que permite la intimidad y con ello mejor sexo.

El masaje de la pareja es efectivo en muchos niveles. Estimula la mente a través del incremento de la concentración, estimula el corazón creando un sentimiento de conexión y, en general, se estimula todo el cuerpo por la acción del tacto. El masaje es una forma maravillosa de demostrar su amor. Y, además de curar provee placer. A continuación se dan unas pautas de cómo darle un masaje a su pareja. Inténtelo:

Paso 1: El placer táctil de las manos en la piel es mucho mejor con el uso de aceites apropiados. Elige un aceite aromático o especial para masajes. Elige esencias que sean sensuales para ambos. La esencia que favorece más la libido por sus cualidades es el ylang ylang, sándalo, jazmín, clary sage, rosa, bergamot y canela.

Paso 2: Crea un ambiente propicio. Ponga música suave, descuelgue el teléfono y encienda velas. Estas últimas actúan rápido para provocar intimidad.

Paso 3: Vierta el aceite en sus manos y frótelas hasta calentarlas antes de empezar con el masaje. También puede calentar sus manos en un tazón con agua caliente.

Paso 4: Empezar el masaje como una experiencia especial, para establecer un sentimiento de conexión, averigua cuán suave o rudo le gusta a su pareja ser masajeado. Trabaje de manera rítmica, deje que sus dedos sigan los contornos naturales del cuerpo de su pareja cuidadosamente.

Paso 5: Si le parece que ya es apropiado llevar las cosas a un terreno más caliente, cambie el masaje a zonas erógenas y disfrute de hasta donde le lleve esta experiencia. Sin embargo, sepa que no todo masaje tiene que llegar necesariamente al sexo, el tacto ya es placentero por sí mismo.

COMPRENDERSE A SÍ MISMO

Además de ofrecerle tiempo a su pareja con el tacto, puede ser buena idea pasar tiempo conociendo su propio cuerpo. Aprendiendo qué tipo de toques (dónde, cuánta presión, a qué ritmo) le da placer y/o le conlleva al orgasmo, esto le ayudará a comunicarse con su pareja y saber qué experiencias serán las más apropiadas y satisfactorias. En general, las mujeres tienen más dificultad de llegar al orgasmo, pero ambos pueden beneficiarse de esta actividad.

LA ESENCIA DEL AMOR

Las esencias han sido reconocidas por todas las culturas como parte integral de la experiencia sexual. Las fragancias son parte común de la seducción, ritos de fertilidad y ceremonias matrimoniales en muchas culturas. En el mundo de hoy, con su *boom* en el negocio de los perfumes y colo-

nias tampoco está exento de esto. Tiene la oportunidad de explorar el mundo de las esencias con velas aromáticas, potpurrí, incienso, perfumes, colonias y/o esencias de aceite para masajes.

La atracción sexual también se ve afectada por los olores que incluso no somos conscientes de percibir: feromonas. Muchos aspectos sexuales de la vida de los animales están organizados por las feromonas; los humanos no somos tan diferentes. En un par de estudios, uno de ellos conducido con mujeres y otro con hombres, se les aplicó a diario feromonas sintetizadas y se monitoreó la conducta sexual por algunos meses. En ambos estudios, los hombres y las mujeres que tenían las feromonas notaron que sus encuentros sexuales eran más significativos (coito, besos, caricias y citas) a diferencia de los hombres y mujeres a quienes no se les administró el *spray* de feromonas. Se puede ver claramente, que las feromonas actúan como un atractivo para el sexo opuesto.

ALIMENTOS QUE AUMENTAN LA PASIÓN

El sexo y los alimentos, como hemos visto en el capítulo 1, frecuentemente comparten unos límites muy cercanos. Pero aparte de los alimentos con reputación de afrodisíacos, la comida en general, juega un papel importante durante la seducción o en la fase de cortejo de una relación. Y esta no necesita terminar allí. Las cenas románticas pueden continuar como un preludio a un anochecer con un fabuloso sexo. Los alimentos incluso pueden estar en la habitación: darse de comer uno al otro o comer cosas eróticas sobre el cuerpo del otro son formas espectaculares de remecer la rutina en la cama.

Crear el ambiente

Establecer un ambiente romántico frecuentemente empieza con seleccionar la música apropiada de fondo. La música puede llevar fácilmente a una transición de un día ocupado a un amoroso atardecer, ayudando a relajarse y aliviar el cuerpo. Muchas parejas tienen ciertos tipos de música o canciones individuales que les sirven como llaves para un encuentro romántico.

El estimulo virtual también es muy importante, especialmente para los hombres. Algunos elementos de lencería femenina bien elegidos pueden hacer sentir sexy y provocar a la pareja. Dedicándole más tiempo al juego previo, desvistiendo lentamente uno al otro, es otra forma de mucha potencia para crear ambiente. Se puede maximizar la excitación sexual por medio de diversas actividades: bañarse juntos, sentarse cómodamente viendo que su pareja se desviste; o incluso algo tan simple como dejar las luces encendidas durante el encuentro sexual... No olvidar que el contacto visual es una forma poderosa para que los amantes se sientan conectados.

HÁGASE OÍR

Tanto para hombres como para mujeres, hablar de sexo de manera personal puede ser una tarea que requiere esfuerzo, pero que trae grandes recompensas. Revelar sus necesidades sexuales y deseos es mucho más efectivo que esperar a que se le ocurra o lo adivine su pareja. Antes de empezar esa importante conversación sería una buena idea tomarse un tiempo organizando sus ideas y pensamientos. Luego, asegúrese de que su pareja esté de ánimo para mantener tal conversación. Si él o ella está distraído o cansado, sería mejor posponerlo. Lo más importante es que se asegure de enfatizar el aspecto positivo de su vida sexual y de su relación para que la conversación siga el curso que desea. Por ejemplo, en lugar de decir "no me frotes tan fuerte", diga "me gustaría más si me acariciaras más suavemente"

La seguridad en el plano sexual, es decir, saber qué le gusta y estar abierto con su pareja, hace una gran diferencia; especialmente, en la vida sexual de las mujeres. Se ha visto que esta seguridad ha hecho que las mujeres tengan más deseo sexual, estén más felices en sus matrimonios y/o vidas sexuales, que tengan sexo con más frecuencia y más orgasmos.

Técnica

Se han escrito pocos libros sobre técnicas sexuales. Este libro no intenta reproducirlos. Sin embargo, al dar un vistazo, muchas ideas serán mencionadas. Las fantasías sexuales son parte común en la vida sexual de hombres y mujeres. Estas fantasías tienen una serie de propósitos, incluyendo un escape de una habitación "aburrida", un ensayo para una nueva experiencia sexual que quiera probar, e incluso, una inofensiva exploración de escenarios que realmente no quería pero que, sin embargo, lo encuentra estimulante para la imaginación.

Zonas erógenas

Las partes del cuerpo más sensibles a la estimulación erótica son especialmente los labios, pechos y genitales.

El tacto es otra parte esencial de la técnica sexual. Las zonas erógenas incluyen no solo los genitales, pechos y labios, sino también las nalgas, caderas, parte posterior del cuello, orejas, manos, pies y dedos. Tocar, frotar o dar pequeños mordiscos durante el preludio son siempre estimulantes. Muchas parejas encuentran que la estimulación manual de los genitales o realizar sexo oral para empezar ofrece mucha variedad y excitación en sus vidas sexuales. Al explorar varias posiciones sexuales (otra vez, hay muchos manuales que pueden ser consultados sobre este tema) es otra forma de mantener las relaciones frescas.

Conclusiones

La intimidad es un afrodisíaco poderoso por sí solo. Fortalece la conexión emocional con su pareja generando una mejor relación de pareja.

* Las relaciones atraviesan por diferentes estadios. La excitación inicial es reemplazada por sentimientos profundos de enganche emocional, también conocido con el nombre de amor.

* Poca intimidad es la causa culpable de que fracasen muchos matrimonios.

* Encontrar un espacio para pasar tiempo juntos y compartir un masaje o tener una cena romántica que contribuya a la intimidad. Probablemente, algunas parejas más estables lo tomen con mayor preocupación y decidan acudir por ayuda a un terapista.

* Mantenerse abierto y asertivo acerca de los deseos sexuales con su pareja puede brindarle más satisfacción sexual.

6

Disfunción Eréctil

L a disfunción eréctil (DE) es definida como la incapacidad de lograr o mantener una erección lo suficientemente firme en un encuentro sexual. Esta condición afecta profundamente en la calidad de vida y es asociada con la pérdida de la autoestima, de tener una visión pobre de sí mismo, genera depresión e incrementa la tensión con la pareja. El problema es aún mucho más amplio de lo que usted pueda pensar. Aproximadamente del 31% al 52% de los hombres tienen —o han sufrido alguna vez— disfunción eréctil. Y, aproximadamente la mitad de hombres por encima de los 40 años de edad han afrontado en algún momento la DE.

TIPOS

Esta condición es clasificada como primaria o secundaria. La DE primaria es el término usado para aquellos hombres que nunca han sido capaces de mantener una erección satisfactoria; mientras que los hombres con DE secundaria tienen erecciones normales hasta cierto punto, pero por alguna razón ésta no es duradera.

CAUSAS

Se dice que el pene es la divina vara para medir la salud; pues muchos casos de disfunción eréctil son indicadores de alguna otra enfermedad. Por esta razón, es muy importante trabajar con un doctor para identificar la causa de la DE y tratarla apropiadamente.

La causa más común de esta condición es la enfermedad cardiovascular. Como se ha visto anteriormente, los problemas de flujo sanguíneo en el cuerpo tendrán un impacto en las erecciones pues dependen de que el pene se engrose con el torrente sanguíneo. El bloqueo arterial es el mayor culpable. Esto puede ser producto, generalmente, por los altos niveles de colesterol, el tabaquismo, diabetes o alta tensión arterial.

La diabetes es un factor de gran riesgo para desarrollar una disfunción eréctil. Además de los problemas en el flujo sanguíneo que se han mencionado, la diabetes puede también dañar los nervios necesarios para lograr una erección firme. Los hombres que padecen diabetes tienden a desarrollar DE, incluso en las primeras etapas de esta enfermedad. Algunas encuestas han señalado que la DE se encuentra en casi el 75% de hombres diabéticos. Estos hombres pueden protegerse manteniendo sus niveles de azúcar en la sangre lo más estable posible.

Una cirugía o algún accidente traumático que afecte la pelvis también puede causar DE. También puede ser causado por un efecto secundario de alguna medicación o también se puede ser relacionado con la depresión u otro problema psicológico. El capítulo 8 aborda todas las causas médicas de la disfunción eréctil.

CAUSAS PSICOLÓGICAS VS. CAUSAS FÍSICAS DE LA DISFUNCIÓN ERÉCTIL

En años pasados se creía que la DE tenía una causa psicológica en el 90% de los casos, y una causa física en el 10% restante. En la actualidad, estas cifras son completamente distintas. Los problemas físicos están implicados en 9 de cada 10 hombres con DE. En la realidad, sin embargo, pocos casos son esclarecidos. Por ejemplo, un hombre a quien se le prescribe un medicamento que tiene efectos secundarios en el aspecto sexual podría confundirse y deprimirse al notar cambios negativos en ese aspecto. El componente psicológico puede tener, en ese aspecto, un impacto nefasto en la relación de la pareja. E incluso si la medicación es cambiada, él podría continuar con ansiedad y temor de fallar en el momento del encuentro sexual.

Virtualmente todos los hombres saludables experimentan muchas erecciones durante la fase MRO o REM del sueño. Por lo que determinar si un hombre tiene erecciones al dormir puede ayudar a identificar si su disfunción eréctil es psicológica o física. Presumiblemente, un hombre que es físicamente capaz de una erección durante el sueño, debería ser capaz de una erección al estar despierto. Hay laboratorios donde se puede examinar este hecho.

¿LOS HOMBRES MAYORES CORREN MÁS RIESGO?

La disfunción eréctil no es una consecuencia inevitable de la edad, aunque esta aparezca más con el paso de los años. Un estudio sobre la edad de los hombres en Massachusetts —uno de los estudios mejor realizados sobre el tema— encontró que mientras solo el 5% de hombres cuya edad está en los 40 experimentan una DE completa

(esto es, que nunca han sido capaces de mantener una erección), el número se triplica en un 15% con los hombres de 70 años. Además en el proceso de adquirir más edad, de los 40 a los 70, la probabilidad de tener un caso moderado de DE se duplica de un 17% al 34%. Generalmente, más de la mitad de los hombres adultos han señalado tener por lo menos un episodio de DE.

Remedios herbales

Como hemos visto en el capítulo 2, muchos remedios naturales han demostrado tener éxito en restaurar la erección a un número significativo de hombres. Sin embargo, hay que recordar que las hierbas y suplementos que se mencionaron no deben ser tomados todos a la vez. Después de leer sobre los suplementos, escoja uno y pruébelo.

El Yohimbe es probablemente la hierba más conocida para la disfunción eréctil. La corteza de este árbol tiene un componente llamado yohimbine que aumenta la dilatación de los vasos sanguíneos, mejorando la erección. Cabe precisar que una prescripción médica de Yohimbine siempre es necesaria.

Hace unos años se hizo un estudio con hombres con DE y hombres sin este problema. Mientras a un grupo se le suministró placebo, al otro se le dio Yohimbe (más de 30 mg por día). Los resultados fueron alentadores. Los suplementos de Yohimbe resultaron con "efectos enormemente positivos" para el 27% de los hombres con DE.

En ese sentido, es mejor empezar con cantidades pequeñas de yohimbine, pues esta hierba está asociada con efectos altamente adversos. Yohimbine en grandes cantidades, por ejemplo, más de 40 mg diarios pueden causar, escalofríos, vértigo, debilitamiento muscular, tensión arterial alta o erecciones prolongadas y dolorosas. Además, cualquier persona que esté tomando yohimbe debería evitar alimentos ricos en tiramina (como queso, vino tinto e hígado), pues dicha combinación puede causar, teóricamente, presión sanguínea alta con consecuencias peligrosas.

El ginko tiene una reputación muy conocida para impulsar la circulación de los vasos sanguíneos que llegan al cerebro, pero el mismo mecanismo de acción también impulsa el flujo sanguíneo al pene. Un estudio preliminar con 60 hombres con DE debido a problemas de circulación reportaron que 60 mg por día de extracto de ginkgo por lo menos durante un año resultó en restaurar la virilidad en la mitad de estos hombres. (Ver el capítulo 2 para precauciones al usar ginkgo).

El ginseng ha estado asociado con la potencia sexual. El flujo sanguíneo en el cuerpo es regulado por el óxido nítrico, por lo que, la habilidad de un hombre para tener una erección depende, en parte, del óxido nítrico. El ginseng ha sido utilizado para

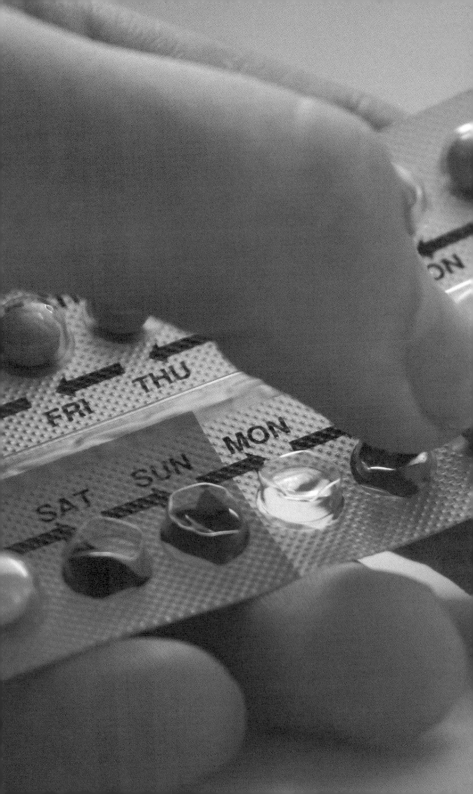

mejorar la síntesis del óxido nítrico. En otro estudio con 90 hombres con DE encontró que el ginseng produjo un gran deseo sexual y buena función eréctil.

El amino ácido arginina también aumenta los niveles de óxido nítrico y puede ayudar a hombres con DE. Las hierbas muira puama y tribulus, las dos también son consideradas como potenciadoras de la erección. El kava es una hierba relajante, por lo que si la ansiedad es la causa de la DE, esta hierba puede ayudar. Todas estas plantas y suplementos han sido descritos con mayor detalle en el capítulo 2.

LO QUE SU DOCTOR DEBERÍA SUGERIRLE

Desafortunadamente, más del 80% de hombres con DE simplemente ignoran el problema y no buscan tratamiento. Sin embargo, la DE es casi siempre tratable, ya sea con un método u otro. Por lo que si decide que los remedios naturales no son para usted, pida una cita con su doctor. A continuación se pondrá brevemente lo que probablemente le sugerirá el doctor:

La medicación oral con Viagra se ha convertido rápidamente el primer tratamiento para la disfunción eréctil, en parte porque tiene un alto nivel de aceptación entre los hombres. Hay dos nuevos medicamentos en la misma familia del Viagra, llamado vardenafil y Cialis. Estos funcionan más rápido y son más duraderos que el viagra y puede que tengan menos efectos secundarios. El Viagra es mucho menos invasivo que otros medicamentos líderes, sin embargo, hay problemas asociados con su uso, los cuales serán tratados más adelante en este capítulo.

La inyección intracavemous es extremadamente efectiva, pero hay que introducir una aguja dentro del pene, lo cual hace que pocos hombres la elijan.

La prostaglandina E1 (PGE1) es la medicina que frecuentemente se inyecta directamente al pene, aunque hay varias combinaciones de PGE1 con papaverina y fentolamina, también pueden ser usadas.

El hombre que escoge esta opción debe tener varias sesiones con su doctor para determinar la cantidad y combinación correcta de la medicación. Luego, el paciente aprende cómo inyectarse a sí mismo. La menos dolorosa es la aguja pequeña para aplicar insulina y el procedimiento toma unos 15 minutos de estimulación para llegar a la erección y ésta puede durar cerca de una hora. Este tratamiento puede ser usado solo dos veces por semana. Los problemas potenciales que pueden ocurrir con este uso, además de introducir la aguja que resulta doloroso, son las erecciones prolongadas que pueden durar varias horas, moretones en la parte donde se aplica la inyección y erecciones dolorosas.

Un mecanismo de constricción absorbente es un cilindro plástico atado a un tubo que "bombea" la sangre dentro del pene, lo que produce una erección. Este bombeo puede tomar 5 minutos para lograr una erección lo suficientemente firme para la penetración. La erección se mantiene mediante una banda elástica ajustada o un aro alrededor de la base del pene. Alrededor del 80 por ciento de hombres que usan este tratamiento están satisfechos con sus erecciones y la habilidad para llevar a cabo el encuentro sexual. Sin embargo, la banda puede ser mantenida en su lugar solo 30 minutos, después de esto, el pene puede resultar adolorido.

Los supositorios introducidos por la uretra también inducen a la erección introduciendo directamente a éste órgano los medicamentos. El proceso es simple y relativamente cómodo, pero hay algunos problemas con su uso. Por ejemplo, puede aparecer un dolor leve en el pene, ardor o picor en la zona vaginal de la pareja, mareos y erecciones prolongadas.

Como última opción existe la prótesis elaborada con silicona. Esta se implanta quirúrgicamente dentro del pene. El procedimiento es irreversible pues el tejido que interviene en la erección es dañado durante la operación. La principal desventaja es que el hombre tendrá el equivalente de una erección en todo momento, no solo cuando él quiera tener sexo. Una mejor opción de implante es el cilindro inflable que es conectado a un reservorio implantado en la parte baja de la pelvis. También se coloca un émbolo en el escroto que luego es usado para inflar o desinflar el pene.

Viagra: un "feliz accidente"

El descubrimiento del viagra fue realmente un feliz accidente. Esta droga genéricamente conocida como sildenafil era conocida para dilatar los vasos sanguíneos. Por esta razón estuvo siendo investigada en Inglaterra en los años 80 como un tratamiento para enfermedades coronarias al corazón, sin obtener buenos resultados, por lo que dicha investigación se detuvo. Sin embargo, los científicos no estuvieron dispuestos a abandonar sus estudios pues habían observado que muchos hombres habían mejorado sus erecciones. Recordemos: las enfermedades cardiovasculares son la causa principal de la DE debido a que los vasos sanguíneos son los que intervienen en el funcionamiento del pene. Estos pacientes cardiacos también tenían un alto grado de disfunción. Mientras que el viagra no lograba mejorar sus corazones, empezó a enviar sangre a sus genitales y empezaron a experimentar un inesperado rejuvenecimiento.

Los fabricantes del viagra (Pfizer) siguieron los resultados de estos hombres "renovados" de vigor sexual con una serie de estudios con grupos controlados y dirigidos a hombres con DE. En total se realizaron 21 estudios donde encontraron que 4 de cada 5 hombres respondieron bien a este medicamento en comparación con el otro grupo controlado que tomó solo placebo donde apenas respondieron 1 de cada 4 hombres.

El viagra actúa bloqueando la actividad de un enzima llamado PDES. La función del PDE5's es finalizar una erección (teóricamente, después de un encuentro exitoso) acabando con las enzimas responsables del relajamiento del tejido muscular y permitiendo incrementar el flujo sanguíneo al pene.

Cuando el PDES es bloqueado, las erecciones mejoran. Debido a que el viagra no tiene ningún efecto en los componentes que producen la erección (solo en aquellos que lo llevan a finalizar), esto no provocará una erección sin la presencia de estimulación sexual, lo cual es otra ventaja sobre otros tratamientos médicos. Así, el viagra simplemente permite (en muchos casos) que la maquinaria masculina responda a la estimulación.

Al inicio, cuando llegó al mercado, se escribieron más de un millón de prescripciones de viagra convirtiéndose en el producto más exitoso en la historia de la medicina. Casi 10 millones de hombres han usado viagra.

Ventajas y desventajas del viagra

Una de las mejores cosas acerca del viagra es que ayudó a remover algo del tabú que había en este tema. La DE pasó rápidamente de ser un tema del que nadie discutía a un tema que hasta aparecía en los comerciales. Por primera vez miles de hombres estuvieron dispuestos a hablar con sus doctores sobres su salud sexual y falta de satisfacción. Como hemos visto en este capítulo, el viagra fue también la bienvenida a nuevos tratamientos, dejando aquellos que despojaban al sexo de la espontaneidad, en el mejor de los casos, o permitiendo peligrosos o doloroso tratamientos, en el peor de los casos. Mientras no se hayan resuelto por completo estos problemas, este será el siguiente paso importante a seguir del viagra.

Pero hay una pequeña parte negativa del viagra. Este es un medicamento que funciona de manera fácil, tan simple como tomarse una pastilla, pero no siempre la disfunción eréctil puede ser tratada de esta manera. El pene está diseñado para tener erecciones, si esto no ocurre entonces es señal de que está ocurriendo un gran problema en el organismo. En lugar de simplemente tomarse el viagra e ignorar el mensaje corporal, usted debería explorar las causas de esta DE. Si la causa es diabetes, enfermedades cardiovasculares u otro tipo de problema, puede estar tranquilo pues usted no ha ignorado el origen.

Por supuesto, que el otro gran problema con el uso del viagra es que está unido a una larga lista de

efectos secundarios. De hecho, hay cientos de muertes que han sido asociadas con el uso del viagra de alguna manera. Esta es la razón del por qué los tratamientos naturales para DE discutidos en este capítulo son tan importantes. Incluso con tratamientos naturales es fundamental tomar todas las precauciones.

MEDICINA CON NITRATO

Pertenecen a una familia de medicamentos que han sido frecuentemente usados por personas que padecen de angina o presión sanguínea alta.

El viagra no puede ser tomado, de ninguna manera, por alguien que usa medicamentos con nitrato, pues le produciría un colapso catastrófico en la presión sanguínea. Hay otros cientos de drogas en el mercado que contienen nitrato. Por favor, revise cuidadosamente si cree que puede estar consumiéndolo. Los efectos secundarios del viagra pueden ser dolor de cabeza, dolor de estómago, baja drástica en la tensión arterial. Otro efecto negativo puede ser una ceguera temporal de colores, específicamente del azul y del verde, causado por la retención de una enzima llamada PDE6 por la retina, la cual está relacionada al PDE5 que también se ve afectada por el viagra. El efecto es dañino, pero desaparece en algunas horas.

¿EL VIAGRA FUNCIONA TAMBIÉN PARA LAS MUJERES?

Debido a que la excitación en las mujeres depende de procesos fisiológicos similares a los que ocurren en los hombres, como el incremento de flujo sanguíneo a los genitales, mucha gente quisiera saber si el viagra puede ayudar a las mujeres. Esta curiosidad resultó de varias investigaciones con grupos de mujeres. Los resultados mostraron beneficios para las mujeres con disfunciones semejantes a la de los hombres. Las mujeres de todas las edades con DE (bajo libido, poca lubricación, carencia de excitación o dificultad de lograr un orgasmo) han tomado viagra y han alcanzado más fantasías sexuales, más sexo y mayor disfrute. Entonces, el viagra no es solo para hombres y muchos doctores están prescribiendo viagra para mujeres que experimentan disfunción sexual.

CONCLUSIONES

Muchos hombres, en cualquier momento de sus vidas, sufren o han sufrido de disfunción eréctil.

* Enfermedades cardíacas, diabetes, depresión y efectos secundarios de algunos medicamentos son las causas principales de la disfunción eréctil.

* Solo el 10% de la DE es debido a una causa psicológica.

* Los remedios en base a dietas suplementarias para la DE incluyen las hierbas yohimbe, ginkgo, ginseng y el aminoácido arginina.

* Los tratamientos convencionales para la DE incluyen viagra, inyecciones intracavemous, aparatos de constricción, supositorios de la uretra y prótesis.

7

INFERTILIDAD

El tema principal de este libro es lograr una saludable y satisfactoria vida sexual, pero es fácil olvidar que a veces el objetivo del sexo es más que un simple placer o "ejercicio gimnástico" en la habitación. Cuando el objetivo es la concepción, incluso el sexo más fantástico puede ser insatisfactorio si no se consigue el objetivo. En ese sentido, la infertilidad puede ser emocionalmente devastadora para la pareja, por lo que no hay libro sobre salud sexual en la que no se dedique un capítulo a este tema.

UN PROBLEMA CON MUCHAS PROBABILIDADES DE TRATAMIENTO

Una de cada diez personas en edad reproductiva tiene problemas de infertilidad. Esto se define como la incapacidad de lograr un embarazo después de un periodo de al menos un año de relaciones sexuales sin ninguna protección. Cada año las parejas en distintas partes del mundo invierten gran cantidad de dinero en busca de un diagnóstico para poder hallar el tratamiento adecuado para sus problemas de infertilidad. La causa de esta condición puede ser, generalmente, determinada en el 85% de los casos, con la responsabilidad dividida tanto en hombres como en mujeres. La buena noticia es que la medicina moderna puede ayudar a estas parejas en casi el 60% de los casos.

EL PRIMER AÑO: ESPERANDO Y ANOTANDO

A menos que no se sepa que existe un problema de salud, muchos doctores tendrán a parejas que están tratando de quedar embarazadas durante un año antes de sugerirles intervención médica. Mientras se espera, sin embargo, una mujer debería anotar su ciclo menstrual. Esto tiene dos propósitos: revela el mejor momento para tener relaciones sexuales, y también puede indicar si hay un problema potencial con relación a la ovulación. Esto ayudaría a la pareja a no someterse a esperas innecesarias (un ciclo que tiene menos de 25 días o más de 35 días pueden indicar que no se está dando la ovulación).

Una forma sencilla de determinar si está ovulando es tomarse la temperatura basal a diario (su temperatura al momento de despertar por las mañanas) durante uno o dos meses. Al usar un termómetro basal corporal, que es mucho más preciso al detectar los cambios de temperatura del cuerpo que un termómetro estándar, obtendrá su temperatura cada mañana antes de levantarse de la cama. Notará una subida drástica justo antes de la ovulación. La temperatura se mantendrá en este punto hasta que su periodo empiece. Las parejas que están tratando de concebir deberán tener sexo por lo menos dos veces durante los tres o cuatro días antes y después de la subida de la temperatura. Tener más veces sexo no es necesariamente mejor, pues esto puede disminuir la cantidad de espermas haciendo menos probable la concepción.

Otro signo de que la ovulación es inminente es el incremento de la mucosa vaginal. Esta mucosa debe ser más fina de lo usual y muy elástica, casi como la clara de un huevo crudo. También hay aparatos que predicen la ovulación que están disponibles en el mercado.

Momento de acudir al doctor

Una visita al doctor para discutir posibles problemas de infertilidad, por lo general, empiezan con una entrevista a la pareja y un examen general de la mujer, incluido un test cervical o Papanicolao. La entrevista es muy importante, se debe de hablar

de todo, desde los ciclos menstruales, si tiene problemas de tiroides, abortos, cirugías abdominales, la historia sexual de ambos, si han tenido enfermedades de transmisión sexual, entre otras posibilidades... Todo esto se discutirá y se identificarán las posibles causas potenciales de la infertilidad.

Aunque hombres y mujeres tienen iguales probabilidades de ser infértiles, el siguiente paso se enfoca más en el hombre porque es más fácil, menos costoso y menos invasivo realizar un diagnostico. El análisis empieza por conocer la cantidad de espermas. El hombre le lleva al doctor una muestra de esperma en un envase esterilizado para ser examinado bajo un microscopio. Muchas cosas pueden afectar la cantidad de esperma, como el alcohol, cigarros y algunas condiciones médicas.

LAS INVESTIGACIONES SOBRE LA FERTILIDAD FEMENINA

Si los espermas del hombre son saludables, entonces la investigación médica se dirige a la salud reproductiva de la mujer. Se tiene en cuenta la historia clínica del paciente y otros diagnósticos se hacen necesarios. Como se ha visto anteriormente en este capítulo, una causa común de la infertilidad femenina es la falta de ovulación, para lo cual existen muchas prescripciones médicas disponibles para inducirla.

ENDOMETRIOSIS

Es un problema de salud en el cual las células que normalmente están en el útero crecen en cualquier otra parte de la cavidad pélvica causando periodos dolorosos, intensos y aumentando el riesgo de infertilidad.

Otra causa común de la infertilidad femenina es el mal funcionamiento de las trompas de Falopio, frecuentemente, por una endometriosis, infecciones o un embarazo ectópico. Por lo general, ocurre que el esperma no puede llegar hasta el huevo debido a un bloqueo en las trompas, o que el huevo fertilizado no puede llegar a implantarse en el útero. Este tipo de problema es diagnosticado con un test conocido como Histerosalpingograma, por el cual se usa un tinte para hacer visibles el útero y las trompas de Falopio en los rayos-X. A veces se recomienda una cirugía para reparar algún daño en las trompas, otras parejas optan por la fertilización *in vitro*.

Aunque menos probable que los dos problemas mencionados anteriormente, algunas mujeres son infértiles por problemas con la cérvix. Esta puede producir o bien muy poco mucosidad o mucosidad que es incompatible con los espermas que han supervivido. Algunas veces la cérvix tiene muchas cicatrices dejadas por infecciones, partos o cirugías que impiden que el esperma pueda pasar a través de ella. Para este caso ayudaría si se lleva una muestra del moco cervical recogido después de las relaciones sexuales. Si el esperma no se moviliza bien en la mucosidad, entonces el problema debe radicar allí. Si esta es la causa de la infertilidad, su doctor le puede sugerir tomar bajas dosis de estrógeno (oral o tópica) para mejorar la mucosidad cervical. Si la cérvix no está permitiendo el paso de los espermas, el doctor puede aplicar el procedimiento de introducir el esperma directamente en el útero.

Finalmente, algunas mujeres tienen un defecto de fase lútea. La fase lútea del ciclo menstrual es la parte del ciclo después de la ovulación. Generalmente dura catorce días, y durante este tiempo la hormona progesterona es responsable de preparar el útero para la implantación del huevo fertilizado. Si los ovarios no segregan suficiente progesterona, no ocurrirá la implantación. En estos casos la progesterona (en forma oral o supositorios vaginales) debe ser prescrita.

TRATAMIENTOS NATURALES

Un suplemento básico multivitamínico y mineral es una buena forma de empezar si una mujer está intentando concebir. Un estudio comparado reciente sobre el efecto en la fertilidad de estos suplementos en un grupo que tomó placebo de un total de casi 8.000 mujeres indicó que quienes tomaron el suplemento vitamínico lograron quedar embarazadas en pocos ciclos menstruales, lo cual significa que hubo un 5% de incremento de la fertilidad. Otro dato interesante fue que el número de gemelos y otro tipo de partos múltiples también aumentaron ligeramente como resultado de este régimen de suplementos.

Pero, ¿qué hay detrás de esto? Muchos nutrientes tienen un rol importante en la salud reproductiva de las mujeres. Por ejemplo, la deficiencia de hierro y de la vitamina B interfiere en la reproducción normal. La deficiencia de hierro es muy común en las mujeres. De hecho, hay millones de mujeres que carecen de este mineral. Una mujer que experimenta problemas de infertilidad debería consultar con un médico para determinar sus niveles de hierro. Muchas mujeres infértiles han logrado concebir después de lograr niveles óptimos del mismo.

Las investigaciones con animales muestran que la deficiencia en la vitamina E también puede producir infertilidad. En las personas, hay un estudio que encontró que la fertilidad mejoraba suministrando suplementos en cantidades de 100-200 IU de vitamina E a la pareja infértil.

Otro nutriente a considerar es el PABA (ácido Paraaminobenzoico), que es una substancia dentro de la familia del complejo B. Muchos años atrás un estudio interesante sugirió que el suplemento de PABA incrementa el rango de embarazos en mujeres infértiles, posiblemente debido a la in-

fluencia de los niveles hormonales. Sin embargo, falta concluir la investigación para confirmar esto.

SUPLEMENTOS PARA TENER ESPERMA SALUDABLE

Una causa común de la infertilidad masculina es la poca cantidad de espermas (número insuficiente de espermas o poca movilidad de los mismos). Muchos nutrientes, incluido la vitamina C, zinc y vitamina e juegan un rol en la producción de espermas saludables. La vitamina C es crucial. Al ser un antioxidante, protege al esperma de los daños que puedan causar los radicales libres —una función que es particularmente importante para los fumadores—. La vitamina C también ayuda a tratar otra causa de infertilidad, la condición conocida como aglutinación de esperma. Los hombres con esta condición mostraron mejoría después de incrementar la ingesta de vitamina C.

La vitamina B12 puede ayudar en este tema, pero los estudios con este nutriente han usado inyecciones de vitamina B12, la cual debe ser suministrada por un doctor. También se ha encontrado que la coenzima Q10 mejora la producción de esperma en algunos hombres.

Otro nutriente ligado a la fertilidad masculina es el zinc. En una investigación en que se suministró zinc a hombres en niveles bajos (1,4 mg diariamente), y a otro grupo se le dio altas dosis (10,4 mg diariamente), se observó efectos adversos (en los hombres del primer grupo) en sus niveles de testosterona, volumen de semen y cantidad de zinc perdido en el semen.

La ingesta de ciertos aminoácidos también puede ser útil. La arginina se necesita para producir espermas. Las investigaciones muestran que ingerir muchos meses suplementos de arginina incrementa la cantidad y calidad de los espermas. También se ha encontrado que la carnitina ayuda a hombres con poca cantidad de espermas. Esta se encuentra en carnes, productos lácteos y por supuesto está disponible como suplemento dietético.

Un carotenoide conocido como licopeno, está presente de manera abundante en los tomates, y también pueden favorecer la fertilidad masculina. Cuando se dio suplementos de licopeno durante 36 meses a hombres con problemas de fertilidad, el 36% de las parejas dieron buenos resultados en test positivos de embarazos.

CONCLUSIONES

La infertilidad es un problema común que va en aumento, pero afortunadamente también existen cada vez más tratamientos.

Un termómetro basal puede ser usado diariamente para determinar cuándo se está ovulando, también están disponibles los aparatos que predicen la ovulación.

Un doctor puede llevar a cabo uno o más exámenes tanto en la mujer como en el hombre para determinar las causas de la infertilidad. Las causas comunes pueden ser una endometriosis, mucosidad cervical no apropiada o una producción inadecuada de hormonas.

Los suplementos para mujeres con infertilidad a considerar son: un multivitamínico/mineral que contenga hierro, vitamina B, E y PABA.

Para los hombres se considera la vitamina C, E, B12, zinc, arginina, carnitina y licopeno.

8

HABLE CON SU DOCTOR

Existen muchas causas médicas para la disfunción sexual: depresión, enfermedades cardiovasculares, diabetes, otros medicamentos y cirugías de órganos reproductivos... La mayoría de estos han sido tocados de manera breve en varias partes de este libro. Sin embargo, en este capítulo se investigará más profundamente en el tema de la disfunción sexual originada por estos problemas de salud.

NO ESTAR EN EL ÁNIMO APROPIADO

Estar "de ánimo" o "de buen humor" es mucho mejor que estar de mal humor. Esto es sentido común, pero si lo duda hay una gran variedad de estudios que han medido la respuesta sexual durante periodos de buen y mal humor o estado de ánimo. No hay grandes sorpresas aquí: estar de buen ánimo ayuda a producir más y mejor sexo.

En su forma extrema, problemas con el estado de ánimo pueden conducir directamente a una depresión. Esta puede ser causada por un desbalance químico en el cerebro, estrés agudo, conflictos emocionales o una combinación de estos factores. La depresión está ampliamente difundida, especialmente, entre las mujeres.

El doble de mujeres sufre de depresión. Alrededor del 20% de mujeres desarrollan esta enfermedad en algún momento de sus vidas.

La depresión pondrá una seria barrera en el deseo sexual —así como en otros aspectos de su vida— y necesita ser tratado antes de saber si es la causa de la disfunción sexual. En muchos casos, curar la depresión, también cura el problema sexual. Irónicamente, muchos medicamentos antidepresivos tienen efectos secundarios en el funcionamiento sexual. La planta San Juan es una forma natural de tratar los casos de depresión leve. Una de sus principales ventajas es que no presenta efectos secundarios para el desempeño sexual. La recomendación estándar es de 300 mg por día. Algunas personas experimentan sensibilidad a la luz solar al tomar esta hierba. Además, no debería ser tomada por aquellos que están usando antidepresivos de tipo de Inhibidores Selectivos de la Recaptación de la Serotonina (ISRS). También hay algunos antidepresivos denominados como de "sexo amigable" como Wellbutrin (o bupropión), que tiene un efecto mucho menor en la función sexual.

CORAZÓN ENFERMO, GENITALES ENFERMOS

La arterosclerosis —que es el endurecimiento de las arterias— causa la producción de un material de grasa conocido como placa, ubicado en las paredes de las arterias. Es bien conocido por bloquear el flujo sanguíneo hacia el corazón o cerebro, causando un ataque o paro cardíaco. La arterosclerosis también puede afectar los vasos sanguíneos de cualquier parte del cuerpo. Esta enfermedad está, generalmente relacionada con tener altos los niveles de colesterol, diabetes, hipertensión y ser fumador.

Durante una erección, las arterias pequeñas que conducen la sangre al pene se dilatan, adquiriendo un tamaño entre cinco a diez veces su diámetro. Si estas arterias contienen estas placas que las bloquean hasta en 15% o más, entonces habrá efectos adversos para la calidad de erección, o incluso para lograr una erección. Este bloqueo es el número uno en las causas de disfunción eréctil, en caso, claro, que no haya un componente psicológico. No solo la DE es un signo de una enfermedad cardiovascular, también puede ser una señal de que la enfermedad está progresando. A medida que la disfunción eréctil empeora, es probable que todo el sistema cardiovascular esté en peligro. En las mujeres ocurre lo mismo. La producción de esta placa puede reducir el flujo sanguíneo hacia los genitales e interferir con la capacidad de excitación.

La tensión alta es otro problema potencial tanto en hombres como en mujeres porque puede dañar los vasos sanguíneos, haciéndolos más sensibles a la formación de la placa. Además, como se ha presentado en este capítulo, muchos de los medicamentos usados para tratar la presión alta pueden causar disfunción sexual.

ATAQUE CARDIACO DURANTE EL SEXO

Muchas personas que han pasado por un ataque cardiaco temen pasar por otro mientras están manteniendo el encuentro sexual. Este riesgo, realmente, es bastante bajo. En hombres o mujeres de edad mediana, el riesgo de tener un ataque al corazón durante la relación sexual es aproximadamente de dos por un millón de cada hora de relación sexual. Para un adulto que padece de una enfermedad cardiaca, el número solo aumenta a 20 por millón de cada hora de sexo.

Por supuesto, usted debería conversar con su doctor acerca de este aspecto y seguir sus indicaciones, pero en general, mucha gente puede reanudar su vida sexual tres o cuatro meses después de un ataque. Para la gente que lo ha padecido, es casi improbable que les vuelva a ocurrir.

Diabetes

Esta enfermedad puede tener un gran impacto en la sexualidad. Entre 30% y 70% de los hombres diabéticos se ven afectados por la DE, puesto que la diabetes frecuentemente daña la zona periférica del sistema nervioso. La diabetes que ha dañado los nervios también puede interferir con la excitación y orgasmo femenino.

Cirugía pélvica en hombres o trauma

Cualquier cirugía o trauma en zona pélvica que haya dañado los nervios es una causa potencial de la disfunción eréctil. La mayoría de cirugías por cáncer de próstata frecuentemente dañan los nervios pélvicos de tal manera que afectan a la erección. Afortunadamente, con los avances recientes en este tipo de cirugía se ha podido reducir el número de hombres que quedan con dichas secuelas. Sin embargo, la ubicación del cáncer determina cómo procederá el cirujano, es decir, de esto dependerá el tipo de cirugía que se necesite, la incidencia de DE después de este tipo de procedimiento varia del 15% al 60% u 85%.

PROBLEMAS CON
LA GLÁNDULA PROSTÁTICA ALARGADA

El alargamiento de la glándula prostática no cancerosa, es también conocido como Hiperplasia Prostática Benigna, (HPB) y es experimentada por más de la mitad de hombres con edad mayor a los 50, y un 80% de hombres entre las edades de 80 o más. Desafortunadamente, como la próstata aumenta de tamaño, puede presionar la uretra e interfiere con la micción. Los hombres con HPB necesitan orinar con más frecuencia, al empezar se les hace un poco difícil. Tienen menos fuerza o necesitan ir al cuarto de baño varias veces en la noche. La HPB avanzada también puede ablandar las erecciones, disminuir la libido e interferir con la vida sexual.

La buena noticia es que su doctor le puede prescribir un medicamento efectivo llamado Proscar (finasterida), pero la mala noticia es que puede causar efectos secundarios provocando la disfunción eréctil y pérdida de libido en el 5% de los hombres. Los remedios naturales pueden lograr el mismo objetivo sin interferencias en la vida sexual. La palma enana es la hierba líder en este tema. Se ha demostrado que es comparable al Proscar y que, específicamente, mejora el flujo de la orina. Se cree que esta planta inhibe una enzima que de otra manera convertiría la testosterona a una forma más activa, lo cual agrava el HPB. Entonces,

esta planta minimiza la inflamación que daña en el HPB. La palma enana es recomendada para la primera etapa de HPB. Muchos herbolarios recomiendan tomarla en extracto pues contiene una solución grasa o liposterólica que debe ser consumida en una cantidad de 320 mg por día. Lo mejor de todo es que la palma enana tiene un perfil muy seguro, por lo tanto es una gran opción para casi todos los hombres con HPB. Por favor, tenga en cuenta que puede tomar varias semanas antes que la palma enana muestre sus resultados positivos.

El ciruelo africano (pygeum africanum) es otra alternativa. Un grupo de hombres que había sufrido de disfunción eréctil y además habían tenido HPB o prostatitis (inflamación de la próstata), después de tomar suplementos con el ciruelo africano, no solo mejoró con el HPB y la prostatitis, sino que también mejoró su función sexual y su capacidad de tener erecciones. Son muy poco frecuentes los efectos secundarios, la dosis estándar es de 50-100 mg dos veces al día. Las ortigas funcionan de la misma manera que la palma enana y el ciruelo africano: reduce la inflamación de la próstata. Estas tres hierbas son frecuentemente usadas en combinación para la HPB. Los suplementos congelados de ortigas son generalmente usados en cantidades de 300-500 mg varias veces al día.

El extracto de polen ha sido usado con éxito en Europa para el HPB por casi medio siglo. De acuerdo con los estudios realizados donde se usó extracto de polen, se observó que ayuda con el HPB pues contiene un elemento antiinflamatorio que favorece la contracción de la vejiga para dejar pasar a la orina. También relaja la uretra para facilitar el paso de dicho fluido. El único extracto de polen conocido en el mercado se llama Cernilton. Afortunadamente, es el que se usa en los tests. No se han reportado efectos secundarios, sin embargo, hay un riesgo teórico de que una persona con una severa fiebre de heno podría experimentar síntomas de alergia. Cernilton es generalmente usado en cantidades de 60-120 mg tomados tres veces al día.

CIRUGÍA PÉLVICA FEMENINA

La cirugía pélvica de cualquier tipo tiene el potencial de dañar los nervios y vasos sanguíneos necesarios para que la vagina, el útero y clítoris funcionen apropiadamente. Este daño puede interferir con la sensación sexual y el proceso de excitación. En estas operaciones es casi imposible evitar tocar o dañar estos órganos.

La histerectomía es una de las operaciones pélvicas más comunes, con casi alrededor de 600.000 histerectomías realizadas cada año. Se han observado resultados tanto con efectos positivos y negativos. Para algunas mujeres, el sexo mejora, porque el problema de salud necesitaba una histerectomía (como fibromas uterinos, endometriosis u otra condición dolorosa). Para otras, la operación puede dejarlas con dificultades para alcanzar la excitación y el orgasmo. Si la histerectomía remueve los ovarios, entonces los niveles hormonales se alteran drásticamente, con su respectiva consecuencia, que afecta la libido.

OTRAS CAUSAS MÉDICAS PARA LA DISFUNCIÓN SEXUAL

La tiroides, hipotiroidismo e hipertiroidismo, pueden estar asociados con la disfunción eréctil. La enfermedad de La Peyronie se caracteriza por la curvatura del pene, causado por un tejido cicatrizado en el pene. En muchos casos, esto puede interferir en las relaciones sexuales. El daño al sistema nervioso del cerebro, debido al Parkinson, ataque cardiaco, Alzheimer, tumores cerebrales o traumas a la espina dorsal pueden también interferir con los mensajes eléctricos necesitados para erecciones normales y para la respuesta sexual femenina.

Infecciones por hongos e infecciones al tracto urinario pueden interferir de manera indirecta con la función sexual en las mujeres, pues provoca incomodidad para tener relaciones sexuales. En estos casos, se debe evitar tener sexo mientras dure y sea tratada la infección.

HOMBRES, SEXO Y EL PASAR DE LOS AÑOS

Con el paso del tiempo, los hombres experimentan un incremento gradual en la duración de la fase refractaria del orgasmo, es decir, el momento justo antes de un orgasmo. En un veinteañero saludable, esta fase puede durar solo cinco minutos. Un hombre en los cuarenta puede que necesite una hora antes de que la erección sea posible; y el promedio de hombres de setenta años probablemente tarden mucho más o nunca lleguen.

Envejecer también tiende a incrementar la cantidad de estimulación que un hombre necesita para conseguir una erección en el primer intento. Mientras que un hombre de veinte años, teóricamente no necesita estimulación para la excitación y está listo para eyacular durante el encuentro sexual (aunque puede ser difícil para él controlar el tiempo de la eyaculación), un hombre mayor necesita mucha más estimulación para lograr la erección, e incluso esta puede no ser tan rígida como cuando era más joven. El hombre mayor, sin embargo, tiene mucho más control con sus eyaculaciones. Mientras que la intensidad del orgasmo es cada vez menos frecuente y sus orgasmos son más prolongados.

La producción de hormonas también disminuye con el paso de los años. Se ha observado que los bajos niveles de testosterona en los hombres de setenta años están acompañados con la reducción de

la virilidad. Esto se explica de la siguiente manera: menos masa muscular, pérdida de la potencia, disminución de la libido, en consecuencia, disfunción eréctil. Este periodo es el equivalente al de la menopausia en la mujer. Este cambio hormonal viene a ser conocido como andropausia. Los bajos niveles de testosterona es el signo de la andropausia. Actualmente, algunos doctores están recomendando que estos hombres deberían ser tratados con una terapia de reemplazo de testosterona.

Aunque el proceso de envejecimiento afecta la fertilidad masculina menos que a las mujeres, no se puede negar su presencia. La producción de esperma va declinando con los años. Incluso solo alrededor del 50% de hombres son infértiles a la edad de los ochenta o más. La habilidad de mantener la erección no va muy bien. La disfunción eréctil va en incremento con el paso de los años en los hombres.

MUJERES, SEXO Y ESTADOS DE VIDA

En una investigación sobre la libido en las mujeres durante diferentes etapas del ciclo menstrual no se ha encontrado un cambio claro en la libido o en la habilidad para que aparezca la excitación en diferentes momentos del mes. En muchos casos de mujeres que toman la píldora durante los años reproductivos, el sexo se hace mucho más grato o placentero, pues no tienen el miedo o estrés de quedar embarazadas. Pero en otras mujeres se observó una pérdida de la libido y sequedad vaginal debido a las hormonas que contienen estas píldoras. Esto es más común en píldoras a base de progestina, tal como Modicon, Brevicon u Ovcon.

El embarazo también afecta el aspecto sexual. En general, las mujeres presentan una baja en el deseo sexual en el primer trimestre, se va incrementando en el segundo y vuelve a caer en el tercer trimestre. No sorprende que los encuentros sexuales se reducen en la pareja después del nacimiento del bebé, quizás, debido a la falta de sueño o ausencia de tiempo libre.

Aunque la lubricación vaginal tarde más en llegar, hay buenas noticias para las mujeres cuando van envejeciendo. Muchas encuentran que el sexo es mucho mejor en la edad mediana, aprenden lo que les produce placer y son mucho mejores en verbalizarlo o pedirlo a la pareja. Estas características ayudan, pues es la etapa en que los hijos se llevan toda la energía mientras crecen.

Otras mujeres tienen otras experiencias en esta fase de la vida. Pueden que estén solteras nuevamente después de décadas debido a un divorcio o viudez. Empezar una relación puede ser emocionante, pero a la vez puede ser causa de algunos problemas. Muchas mujeres se sienten inseguras de sus cuerpos por el paso del tiempo, e incluso generan problemas en sus vidas sexuales, pues este grupo de mujeres tiene parejas masculinas que están experimentando los primeros síntomas de una disfunción sexual, o tienen alguna enfermedad que necesitan medicamentos con efectos secundarios en el sexo. La mujer puede que esté lista, deseosa y capaz, pero su pareja tal vez no.

MENOPAUSIA Y MÁS

Mientras las mujeres van entrando en años, sus vidas sexuales frecuentemente se arruinan. Hay muchas razones para esto: los cambios físicos que produce la menopausia, el simple hecho de envejecer y la creciente probabilidad de que su pareja esté desarrollando una disfunción sexual. Las terapias de reemplazo hormonal (TRH) (especialmente cuando los andrógenos están incluidos en la fórmula) pueden disminuir los efectos relacionados a la menopausia, pero su uso tiene un riesgo. El hecho de aplicar o no esta terapia es una decisión que cada mujer debería considerar cuidadosamente y discutirlo con su médico. Las últimas evidencias han mostrado que el uso de TRH por mujeres que todavía tiene útero han desarrollado un alto riesgo de cáncer de mamas, ataques cardiacos y coágulos sanguíneos.

Los bochornos son un signo característico de la menopausia, pero hay otros cambios físicos asociados con este cambio de vida. La vagina y labios tienen un gran número de receptores de estrógeno y son muy sensibles a los cambios de niveles del mismo. Si su nivel cae durante y después de la menopausia muchas mujeres experimentan muy poca lubricación vaginal y el adelgazamiento de sus paredes. Cuando esto ocurre, el sexo puede resultar doloroso e interferir con la libido. La terapia de reemplazo de estrógeno (ya sea en píldoras, parches o cremas vaginales) pueden contrarrestar estos malestares, pero esto viene acompañado de efectos secundarios. Otras opciones incluyen productos que deben aplicarse en la vagina algunas veces por semana para mantenerla lubricada; o simplemente usar lubricación antes del encuentro sexual.

La hierba cimífuga —cimicifuga racemosa o black cohosh en inglés—, ha sido usada por muchas mujeres con buenos resultados en el control de algunos de los incómodos síntomas de la menopausia, especialmente, los bochornos. Se pueden encontrar extractos estandarizados de esta hierba y se pueden tomar en cantidades de 20-40 mg dos veces al día. No se ha encontrado ningún efecto secundario mientras se tome en estas cantidades.

Irónicamente, una vida sexualmente activa en los años siguientes a la menopausia resulta saludable para la libido y los órganos sexuales, manteniendo los tejidos vaginales lubricados y posponiendo el proceso de envejecimiento. Las mujeres

que continúan siendo activas sexualmente en y después de la menopausia mantienen un alto nivel de deseo sexual.

¿SU PROBLEMA SE ENCUENTRA EN SU MEDICACIÓN DEL PECHO?

Como se ha mencionado en este libro, las medicinas pueden tener efectos secundarios en la salud sexual. Pueden interferir en el flujo sanguíneo hacia los genitales, contribuir a la sequedad vaginal, anular la libido y alterar las hormonas relacionadas a la respuesta sexual. Es importante consultar a un médico para que le oriente y encuentre la causa de cualquier problema sexual. La mayoría de personas encontramos que un problema de salud genera otro —de disfunción sexual—, especialmente cuando se usan ciertos medicamentos. En muchos de estos casos existen medicamentos o tratamientos alternativos que tratan el problema inicial sin repercusiones sexuales.

Se ha observado que muchas medicinas químicas han impactado en la libido. De hecho, se piensa que algunas medicaciones son responsables de la disfunción eréctil al menos de un caso de cada cuatro. Mientras existan otras alternativas que pueda explorar, recuerde que su salud está primero. No deje de tomar una medicina sin antes consultarlo con su médico. Tener buen sexo puede convertirse en algo insignificante si usted muere de un ataque cardiaco, por ejemplo, como resultado de tener la presión arterial elevada y no haberlo tratado con prudencia. Si sus medicaciones son potencialmente la causa de su insatisfacción sexual, hable con su doctor acerca de algún posible cambio ya sea de medicamento o de dosis.

Los medicamentos más comunes que afectan el desempeño sexual son los antidepresivos, los medicamentos para la presión alta, supresores de apetito y antiácidos. Ya hemos visto los antidepresivos en este capítulo. Los medicamentos para la presión alta, conocidos como antihipertensivos, están dentro de la gama de medicinas permitidas. Por definición, estos medicamentos tienen la función de reducir el flujo sanguíneo con lo cual reducen también el flujo hacia los genitales. Nuevamente, es importante trabajar directamente con su doctor para encontrar una alternativa aceptable.

CONCLUSIONES

Muchas enfermedades y sus medicamentos pueden interferir en el desarrollo satisfactorio de su vida sexual.

* Estar deprimido es una de las causas principales para entorpecer la libido, así mismo, muchos antidepresivos causan problemas con respecto al deseo sexual.

* La hierba San Juan es un remedio natural sin efectos secundarios para la sexualidad.

* Las enfermedades cardiovasculares pueden interferir con la función de los vasos sanguíneos para llevar sangre hasta los genitales.

* La diabetes es un factor de riesgo importante para la disfunción eréctil.

* Otras enfermedades que presentan consecuencias sexuales son las cirugías a la pelvis o traumas sufridos, como la histerectomía, BPH, tiroides, hongos e infecciones a la vejiga.

* El envejecimiento frecuentemente repercute en el desarrollo de la disfunción sexual.

* Los medicamentos son, comúnmente los culpables en los problemas de la libido, consulte con su doctor acerca de medicamentos alternativos que puedan mejorar su vida sexual.

CONCLUSIÓN

Hasta aquí usted ha aprendido que tener una vida sexual plena no es tan sencillo como ingerir una píldora de Viagra. Tampoco solo tiene que ver con tomar hierbas afrodisíacas o suplementos dietéticos. El buen sexo se logra con intimidad, comunicación, una buena elección de la dieta, un estilo de vida saludable, tiempo y energía. Realmente, es sentido común. Si algo es bueno para su salud, su bienestar y sus relaciones, entonces es muy probable que sea bueno para su vida sexual también.

El sexo —como la buena nutrición, los ejercicios físicos y mentales— contribuyen a una vida más larga y feliz. En otras palabras, nunca se es demasiado viejo para disfrutar del sexo, y de hecho, una vida con sexo regular puede ayudarle a alcanzar la edad madura. En un estudio con hombres y mujeres, que practican el sexo frecuentemente, se observó que en el caso de los hombres les permitía tener vidas

más largas, y en el caso de las mujeres disfrutar más del sexo. Investigaciones adicionales han confirmado que para los hombres, el orgasmo frecuente pospone la muerte. En ese sentido, las investigaciones modernas confirman que el sexo no solo es diversión, sino también es bueno para la salud.

Que maravilloso es saber que en un mundo donde los médicos están constantemente diciéndole lo que no debe hacer, como fumar, comer huevo, mucha sal o helados, existe algo realmente entretenido que lo puede realizar tantas veces como quiera. Por eso, recuerde, hay muchas cosas que van desapareciendo con la edad, pero el sexo no debería ser uno de ellos. Hay mucha gente mayor que quiere y son capaces de disfrutar activamente de una vida sexual. Tómelo o déjelo: la actividad regular sexual ayuda a mantener la habilidad sexual.

Y una vez que la base ha sido establecida para una sexualmente saludable —mediante la dieta y el estilo de vida— no hay motivo para no experimentar con algunas hierbas, vitaminas, minerales y amino ácidos. Por ejemplo, en el caso de los alimentos afrodisíacos, si funcionan o no, ya no es el punto más importante; lo que realmente importa es que usted y su pareja han pasado tiempo juntos divirtiéndose y experimentando con lo que les puede hacer pasar una noche inolvidable. Para no enfrascarse con los afrodisíacos, simplemente, pruébelos, nada puede ser tan poderoso y mejor afrodisíaco que la mente humana.

ÍNDICE ANALÍTICO

Nutrifarmacias *Online*

www.casapia.com
Reus, Tarragona, España.

www.facilfarma.com
Cambados, Pontevedra, España.

www.naturallife.com.uy
Montevideo, Uruguay.

www.farmaciasdesimilares.com.mx
México DF. México.

www.laboratoriosfitoterapia.com
Quito, Ecuador

www.farmadiscount.com
Lugo, España.

www.hipernatural.com
Madrid, España

www.biomanantial.com
Madrid, España

www.herbolariomorando.com
Madrid, España

www.mifarmacia.es
Murcia, España.

www.tubotica.net
Huelva. España.

www.elbazarnatural.com
Orense, España.